Loverboys 168

# PRALLE PAKETE

PHIL ADAMSON



BrunoBooks

*Die in diesem Buch geschilderten Handlungen sind fiktiv.*

*Im verantwortungsbewussten sexuellen Umgang miteinander gelten nach wie vor die Safer-Sex-Regeln.*

Loverboys 168

Salzgeber Buchverlage GmbH
Prinzessinnenstraße 29, 10969 Berlin
buch@salzgeber.de

Umschlagabbildung: © George Duroy, USA
www.belamionline.com (Model: Igor Voronin)
Printed in Germany

ISBN 978-3-95985-427-6

# Inhalt

# Der Strohwitwer

Ding Dong. Der satte Gong passte zur Eingangstür und zum Haus. Insgesamt ein netter Bunker, auf eine bestimmte Art schick, aber cool. *Fechtner* war am Klingelschild zu lesen. Müsste stimmen. Hoffentlich war jemand da. Schon hörte ich Schritte, kurz darauf ging die Tür auf.

»Herr Fechtner?«, fragte ich den Mann, der öffnete. Er nickte, erfasste die Situation scheinbar nicht gleich. Ziemlich gutaussehend, auf diese verwuschelte Art, mit Dreitagebart und dicken, braunen Strubbelhaaren. Bisschen größer als ich, so Anfang dreißig, schätzte ich. Ich streckte ihm das Päckchen entgegen, wahrscheinlich irgendein High-Tech-Schnickschnack. Erst jetzt war der Typ bei der Sache, lachte mich an und seine Augen … Wow!

»Sorry«, meinte er, senkte den Blick und studierte den Adressaufkleber, »war grad mitten in meinen Übungen.«

Das war nicht zu übersehen. Die verschwitzten Haare, das Handtuch um den Hals, die feuchten Stellen am Shirt, Schweißfilm auf der Haut … Ich ertappte mich dabei, wie ich die Luft tief einsog, um etwas von seinem geilen

Kerlsgeruch zu erschnüffeln. Der Typ sah mich irritiert an, unsicher, ob es noch was zu tun gab oder die Sache erledigt war.

»Niko«, stellte ich mich vor. Das war natürlich ziemlich schräg, völlig unnötig. Auch nicht geplant. Aber ich hatte die Erfahrung gemacht, dass es besser ist, was Blödes zu sagen als gar nichts, wenn man nur diese eine Chance hat. Und dass ein Moment der Überraschung manchmal genau der richtige Weg ist. Einfach rein. Entweder jetzt oder nie. So sieht's aus.

Tatsächlich lachte der Fremde amüsiert auf: »Aha, Niko also.«

Er musterte mich von oben bis unten, sah mich grinsend an. »Hast du Durst, *Nnniiiko*?« Er sprach meinen Namen gedehnt aus, irgendwie spöttisch. Aber auch genießerisch, er ließ ihn sich auf der Zunge zergehen. »Willst du vielleicht ein Glas Wasser oder Cola? Oder ein Bier?«

»Cola wär' super.« Ich versuchte, nicht zu begeistert zu klingen, aber auf alle Fälle war der Ball am Rollen. Keine Ahnung wohin, Hauptsache, es bewegte sich was. Ich ging rein, wartete, bis er die Tür zugemacht hatte, und folgte ihm durch den kleinen Eingangsbereich in eine offene Wohnküche. Gönnte mir schon mal einen Blick auf die satten Arschbacken in der Sporthose, die kräftigen Waden, auf denen schwarze Tattoos prangten. Sah mich im Haus um. Ich fand es toll, in fremde Wohnungen und Häuser zu kommen, es war immer interessant. Ich selbst legte keinen Wert auf Style und so, war eher spartanisch eingerichtet, oder chaotisch. Aber der Style von anderen weckte eine Neugier bei mir, die auf 'ne Art wirklich gierig war. Was bei anderen Leuten so alles rumstand. Nicht nur die Möbel, eher der andere Kram. Richtig private Sachen. Mitbringsel aus dem Urlaub, selbstgemalte Bilder, getragene Klamotten, gerahmte Fotos, Hobbykram, gesammelter Scheiß. Hier war bei der Einrichtung die Hand einer Frau im Spiel gewesen, das erkannte ich schon an der Farbauswahl. Alles so erdig, auf Landhaus getrimmt. Und da war sie auch schon, auf einem Foto an der Wand, zusammen mit ihm. Ganz hübsch. Das war also schon mal geklärt: Der Mann war verheiratet. Und ein Kind hatte er auch, einen Jungen, der war auf einem anderen Bild zu sehen.

Wir kamen zu einem Küchenblock mit Bartresen und Hockern davor. Der Kerl ging zum Kühlschrank und holte zwei Cokes raus, öffnete sie, kam rüber und setzte sich auf einen Barhocker, reichte mir die eiskalte Flasche. Er nahm einen Schluck. Ich auch.

»Ich hätte gar nicht gedacht, dass ihr Typen überhaupt Zeit für eine Pause habt«, meinte er. Ich schwieg, nickte nur träge.

»Deine Kollegen wirken jedenfalls immer ziemlich gestresst.« Wieder trank er einen Schluck. »Bist du neu?«

»Ja, erst seit drei Wochen dabei. Aber wir können uns den Dienst frei einteilen, Hauptsache, die Lieferungen klappen. Notfalls hänge ich mal eine Stunde hintendran.«

Der Kerl grinste. »Notfalls, hä?«

Hatte der sich grad an die Beule gefasst? Verdammt!

Entweder er hatte nur was zurechtgerückt, oder das war eine ernst gemeinte …

Ich sah einen Aschenbecher auf dem Tresen. »He, sag mal, kann ich vielleicht eine rauchen hier? Das wäre spitzenmäßig!«

Ich hatte echt Bock auf eine Kippe, und wenn hier geraucht wurde … Er lachte. »Klar.« Schob mir den Aschenbecher hin. Ich nestelte meine Packung aus der Jackentasche, bot ihm eine Zigarette an. Er zögerte eine Sekunde, zuckte dann mit den Achseln und nahm eine. Blickte mich an. Mir wurde ganz schön schwummrig. Der hatte Augen! Grün oder Blau, und so tief irgendwie. Ein bisschen nervös fummelte ich mir auch eine Zigarette raus, gab ihm Feuer. Er beugte sich zu mir rüber, so ganz nah, zündete sich den Stängel an. Mann, roch der gut, der Mann!

Er lehnte sich wieder zurück, zog genüsslich an der Zigarette, grinste mich beim Ausblasen des Rauchs an, fixierte meinen Blick. Ich wurde geil.

»Sie sind verheiratet?«, fragte ich, einfach so.

Er nickte: »Ja, aber lass das mit dem Sie. Ich bin Michael. Michi.«

Ich nickte wie zum Gruß, er redete weiter: »Meine Frau ist heute mit ihren Freundinnen unterwegs. Du weißt schon, einkaufen und Nagelstudio oder so was.«

»Den ganzen Tag? Unter der Woche?«, fragte ich, unwissend wie ich war. Diese sorglose Shopping-Beauty-Ehefrauen-Welt gab es also wirklich? Michael – Michi – lachte wieder: »Ja, den ganzen Tag.«

Er schien das wirklich komisch zu finden, es war ihm wahrscheinlich nicht bewusst gewesen, dass das für einen wie mich nach purem Luxus klingen musste.

»Und du?«, fragte er plötzlich. »Auch verheiratet?«

»Nö«, antwortete ich, und fügte nach einem kurzen Zögern hinzu: »Keine Eile.«

»Du hast recht«, meinte er. »Du bist jung, siehst gut aus, die Weiber stehen bestimmt Schlange bei dir.«

Ich schwieg, rauchte ein paar Züge.

»Oder die Typen.« Der Nachsatz kam nach einer Pause, ganz sachlich, völlig unverblümt. Ich grinste ihn an: »Schon eher.«

»Ist doch okay«, meinte er mit einem netten Lächeln. Dann: »Und? Bist du gut?«

Ich sah ihn irritiert an. Was meinte er damit?

»Beim Blasen«, erklärte er seine Frage. »Bist du gut im Schwanzlutschen?«

Er stand ganz lässig an den Rand vom Barhocker gelehnt in seinem Sportdress, die Beine leicht gegrätscht, die Hände nah an seiner Beule, die – wenn ich das richtig sah – jetzt deutlich dicker war als noch vorhin. Sein Alphatiergehabe machte mich tierisch an. Jetzt schien der Zeitpunkt gekommen, auch mal eine Karte ins Spiel zu bringen.

»Vielleicht lass ich ja lieber blasen.« Ich grinste ihn frech an.

»Och komm, das kannst du jetzt nicht bringen«, sagte er mit gespielt weinerlicher Stimme und trotzig verkniffenem Gesicht, stampfte unmutig auf und wippte auf der

Hockerkante. »Ich hatte mich schon so auf 'nen geilen Blowjob gefreut.«

Ich konnte nicht anders, ich musste lachen bei dem Schauspiel, das der Typ abzog.

Er lachte mit, fasste mit einer Hand in die Hosentasche und schüttelte seinen Schwanz. »Schau mal, der hat sich auch schon gefreut.«

»Du bist ja 'ne Nummer«, antwortete ich in einem Tonfall, der hörbar Interesse signalisierte. Da zeichnete sich doch tatsächlich ein ordentlicher Schwengel in der Sporthose ab.

»Na los, mach schon!« Noch immer schüttelte er seinen Schwanz, mit Blick abwechselnd zu mir und runter auf seine Beule. »Sonst weint der noch.«

Ich lachte wieder. »Oje, das können wir auf keinen Fall zulassen«, lenkte ich ein.

»Geil«, kam nur von ihm, dann zog er blitzschnell seine Hosen runter. Der Schwanz sprang sofort ins Freie, wippte auf und nieder, ziemlich großes Teil, leichter Rechtsschwung, superlecker!

Mit einer Hand verpasste Michi seiner Latte einen Schubs und brachte sie noch mal ordentlich zum Schwingen. Mehr Einladung brauchte ich echt nicht. Ich drückte die Kippe aus und ging auf die Knie. Sah hoch zu dem Kerl, traf seinen Blick, während ich mich dem Schwanz mit rausgestreckter Zunge näherte und sanft an der Kuppe leckte. Noch lugte nur die Spitze aus der Vorhaut, eine Vorsaftperle zeigte sich beim Zucken der fleischigen Rute, die dicken Eier stiegen im Sack ein Stück hoch. Ich grinste den Typ an. Michi. Der verheiratete Michi, Vater und Ehemann. Angelte mir mit der Zungenspitze den Vorsaft, ließ sie an der Unterseite vom Schaft bis zur Wurzel entlangstreichen, vor und zurück, vor und zurück. Dann leckte ich an den rasierten Eiern, saugte sie sanft.

Michi seufzte wie erlöst auf. »Ja, das machst du gut. Du bist echt 'ne geile Sau.«

Ich schnaubte geschmeichelt. Tastete mich an den nass geleckten Eiern hoch, an der Unterseite entlang zur Schwanzspitze. Die Eichel lag jetzt blank, ein perfekter glänzender Pilzkopf. Der Schwanz war richtig steif, pochte, verlangte nach mehr. Ich nahm ihn in die Hand, massierte ihn sanft, rieb meine Nase an der Kuppe, erschnupperte das Aroma – der Kerl hatte noch nicht geduscht heute! Wurde scharf und hungrig. Schob meine Lippen über die glatte Eichel, saugte daran, saugte mehr Vorsaft heraus, züngelte mit dem geilen Zeug rund um die Kuppe, kitzelte die Stelle an der Unterseite, wo das Bändchen sich spannte, wenn ich die Vorhaut zurückzog.

Schon bald schnaubte Michi ungeduldig, wollte tiefer, wollte rein, hielt meinen Kopf mit beiden Händen fest, wollte mit kurzen, schnellen Stößen mehr von seinem Schwanz zwischen meine Lippen drücken. Ich ließ ihn noch eine Weile zappeln, saugte mit festem Druck immer nur an der Spitze der saftigen Wurzel, bis kurz hinter der Eichel. Erst dann gab ich dem harten, fordernden Schwanz mehr Raum, spürte, wie er die Enge meiner Kehle bedrängte, öffnete mich und ließ ihn passieren. Er war echt ganz schön dick, verlangte mir einiges ab.

Aber nach ein paar Anläufen wehrte sich meine Kehle nicht mehr. Im Gegenteil. Die Wurst fing an, mir zu schmecken, ich wurde immer hungriger. Die Spucke tropfte mir aus dem Mund, seifte die dicke Rübe ordentlich ein, machte die Sache leichter. Ich röchelte und stöhnte, während der harte Schwanz meine Kehle fickte. Michis Hand kam mir zu Hilfe, presste meinen Kopf fest gegen den Widerstand – dann steckte der harte Prügel bis zum Anschlag in mir drin!

»Ahh, geil!« Michi brummte wohlig, genoss den Moment, ließ mich keinen Millimeter zurückweichen, blieb tief in mir drin. Ja, geil! Ich versuchte, so lange auszuhalten, wie ich konnte, schluckte und würgte. Schließlich aber rang ich um Atem, prustete Rotz und Speichel, die Augen tränten. Mit einem Ruck gab er mich frei, ich spuckte den Prügel aus, schnappte nach Luft.

Michi lachte erfreut: »Mann, ist das geil! Ist das geil!« Er tätschelte mir liebevoll die Wange, sah mir in die Augen dabei, glitzernde Geilheit im Blick. Ich lachte auch, glücklich und stolz, dass es so gut klappte. Wollte mehr.

»Los, mach weiter«, kam Michis Wunsch meinem entgegen, und ich stürzte mich erneut auf die geile, dicke Schwanzwurst. Mühelos glitt sie in meine Kehle, die die harten Stöße empfing, sich stopfen ließ, sich ab und zu aufbäumte, aber umso geiler öffnete, wenn der Reiz einfach weggefickt wurde, immer rein und rein und rein. Michis Hände hielten meinen Kopf wie ein Schraubstock, führten ihn ganz nach seinem Willen. Mal schneller, mal langsamer benutzte er meine Maulfotze. Dann zog er mich plötzlich hoch, drängte sich an mich, knutschte nass und leidenschaftlich mit mir, so richtig mit Zunge und Spucke und allem, stieß mir seinen heißen Atem in die Lungen, wurde so heftig, dass ich beinahe hintenüberkippte.

»He, nicht so stürmisch!«, versuchte ich ihn zu bremsen, während ich an dem Hocker hinter mir Halt suchte. Aber es gefiel mir, wie seine Hände unter mein Shirt glitten, an der nackten Haut auf meinem Rücken entlangfuhren, rauf und runter, während seine Lippen meinen Hals küssten.

Ich stand wieder einigermaßen sicher, fühlte seine Hand in meiner Hose, sie tastete nach meinem Schwanz, der längst steif war, fand ihn, drückte ihn, massierte ihn. Schon rutschte Michi an mir herunter, kniete sich hin und zog dabei den Reißverschluss meines Overalls mit nach unten. Dann zerrte er meine Latte raus und nahm sie ohne Umschweife zwischen seine Lippen. Der Anblick des sexy Heteros – oder jedenfalls relativen Heteros –, wie er da auf dem Boden kniete und an meinem dicken Schwanz saugte, das war schon geil. Er war nicht gerade der talentierteste Schwanzlutscher, eigentlich sogar ziemlich stümperhaft, kriegte auch nicht viel in den Mund, aber er schleckte und saugte mit großer Begeisterung an meiner Eichel. Nahm die Hand zu Hilfe und wichste den Schaft mit festem Griff. Wichsen konnte er!

Aber auch, wenn er das alles mit Lust machte, war doch klar, dass es nicht das war, was er wollte. Und ich auch nicht. Ich hätte ihm trotzdem gerne noch eine Weile den

Spaß gelassen, aber da kam er schon von selbst wieder hoch, küsste mich flüchtig und drückte mich sanft wieder runter, um seinen Lustbolzen zu verwöhnen. Nichts lieber als das! Ich verschlang das geile Teil sofort. Komplett. Schluckte mehrmals, während es meine Kehle ausfüllte, lutschte daran, löste mich, um gleich darauf in schnellem Tempo noch inbrünstiger Maulfotze zu spielen und ihn hemmungslos abzusaugen. Das gefiel Michi. Er stöhnte geil, feuerte mich an, nahm meinen Kopf wieder in seine Hände, übernahm die Führung und lenkte Tiefe und Rhythmus, mit denen sein dicker Schwanz in meine Kehle fuhr, rein und raus, rein-und-raus.

Er hatte Glück, denn diese Nummer war meine Spezialität, da konnte ich echt was ab. Mein Schlabber-Sabber-Super-Saugmaul liebte es, mit bisschen Power gestopft zu werden, das machte mich geil wie Rettich. Ich hielt schön dagegen und merkte, wie der Schwanz pumpte und noch härter wurde. Ein paarmal entzog mir Michi seine dicke Zuckerstange, hielt meine aufgesperrte Fickfresse ein paar quälende Millimeter von ihr weg, bevor er wieder eintauchte. Er war kurz vorm Kommen.

Ich ließ nicht locker, wollte weitermachen, wollte dranbleiben, bettelte um seinen Saft. Michi schob mir seinen Schwanz zwischen die Kiemen und setzte zum Endspurt an. Ein paar Sekunden später spritzte warmes Sperma in meine Kehle, auf meine Zunge, in meinen Mund. Richtig viel, richtig geil! Ich ließ mir den Geschmack von dem Zeug auf der Zunge zergehen, bevor ich es schluckte. Lecker! Dann saugte ich genüsslich den Rest aus dem

Rohr, während der Kerl überreizt zuckte und zitterte, sich aber nicht wehrte.

Endlich gab ich den geilen Heterosahnespender frei, grinste Michi an und schüttelte die schlaffer gewordene Schwanzwurst liebevoll in meiner Hand.

»Wow!«, keuchte Michi. Er schien ziemlich benommen, wischte sich Schweiß von der Stirn, blinzelte mit den Augen, gab sich Mühe, wieder klarzukommen. Ich lachte und stellte mich auf. Ruckzuck hatte Michi seine Hosen hochgezogen. Er prüfte kurz, ob alles an seinem Platz und ordentlich war – nein, wir hatten keine Spuren hinterlassen, alles war picobello –, dann ein Blick auf die Uhr und: »Hui, ich bin ganz schön spät dran jetzt!«

Der Hundeblick ließ mich ahnen, was jetzt kommen würde. Schade. Wäre gar nicht nötig gewesen, jetzt diese Hektik zu machen. Wenigstens fünf Minuten hätte er uns ja noch geben können. Was sind schon fünf Minuten? Aber egal, kein Ding.

Trotzdem nahm ich noch einen Schluck Cola, bevor ich mich wieder anzog. Ich war noch nicht mal gekommen, aber das hatte ich auch nicht wirklich vorgehabt.

Eine Minute später war ich draußen und kletterte in meinen Wagen. Ich musste grinsen. Das Leben war geil – schräg, aber geil.

# Herr im Haus

Ich beachtete den Paketboten erst gar nicht, war noch voll im Körpergefühl, hatte gerade ein paar Situps gepumpt, mein Puls raste. Aber dann: »Niko.« Keine Ahnung, was den Kerl geritten hatte, aber als ich ihn so ansah, fand ich ihn ziemlich süß. *Den fick ich*, war mein erster Gedanke beim näheren Blick auf das sportliche junge Bürschchen, das mich dreist angrinste. So bisschen punkige Frisur, rasiert an den Seiten und buschigen Schopf in der Mitte, dunkel, fast schwarz, aber mit einer frechen blonden Strähne drin. Es machte einfach Klick, und mein Schalter war auf Ficken umgestellt. Ich hatte das Haus den ganzen Tag für mich allein. Klar, es konnte jederzeit passieren, dass meine Alte überraschend früh heimkam oder die Tagesmutter sich meldete, weil was mit dem Kleinen war. Aber scheiß drauf, der Junge hier machte mich scharf.

Es kam mir vor, als würde dieser Niko tief einatmen, als ich an ihm vorbeiging. Der stand wohl auf Kerlsschweiß. Ich musste grinsen, stellte mir vor, wie er mir auf den Hintern glotzte auf dem Weg in die Küche. Von mir aus!

Wir quatschten kurz und er war *echt* süß. Auf eine gewisse Art unverdorben. Segelte wahrscheinlich so durchs Leben, hatte 'nen Job, der ihm bestimmt am Arsch vorbeiging, keine Frau, kein Kind, keine Hypotheken. Irgendwie machte mich das geil, diese Unschuld, diese Freiheit, die dieser junge Typ in mein Haus brachte. Er kam mir vor wie mein jüngerer Bruder (den ich nicht hatte). Oder wie mein Alter Ego aus der Vergangenheit. Nur schwul eben. Er ließ sich dann auch schnell überreden und lutschte meinen Schwanz. Mann, konnte der Typ blasen! Sein Maul war das Deep-Throat-Paradies.

Ich war ganz schön geladen und musste mich bremsen, damit ich nicht gleich abspritzte. Also ging ich an ihm runter und nahm seine Latte in den Mund. Ein leckeres Ding, nicht ganz so lang wie meins, aber ganz schön dick. Auch wenn ich eigentlich auf Titten und Mösen steh, ist so ein Schwanz schon was Geiles. Ich blies und wichste, was das Zeug hielt. Das machte ich richtig gut, es gefiel diesem Niko megamäßig. Er wurde immer fickriger, konnte gar nicht genug kriegen von meinem Maul, wollte gar nicht mehr aufhören.

Aber ich hatte nicht die Absicht, ihn zum Abspritzen zu bringen. Wer weiß, vielleicht hätte er dann gleich den Abgang gemacht. Da wollte ich doch lieber selbst noch mal ran. Bereitwillig ließ sich der Kerl dann auch gleich noch mal sein gieriges Fickmaul stopfen, richtig tief, richtig geil. Er konnte echt was vertragen, ich konnte ihn hart in die Kehle ficken, das war die riskante Morgenaktion auf alle Fälle wert. Ich kam ganz schön ins Schwitzen, war voll im

Geilheitsrausch. Mann, der Bursche hatte eine geniale Maulfotze! Ich spürte den Druck übermächtig werden, ergab mich und spritzte dem Kerlchen einfach ins Maul. Ein echt geiler Orgasmus. Einen Schwall nach dem anderen schoss ich ins hungrige Schlabbermaul. Die kleine Drecksau ließ sich meine Spermasoße auf der Zunge zergehen, schluckte alles und lutschte mir auch den letzten Rest aus dem Schwengel. Ich hatte einen regelrechten Lustrausch. Überdeutlich sah ich die geile Fresse vor mir, diesen Niko, wie er mit größter Lust meinen schlaffer gewordenen Schwanz an seine Wangen schlug, dabei lachte, richtig glücklich lachte. Er sah echt gut aus. Mega gut sogar! Seine dunklen Augen glühten, sein Gesicht rot und verschwitzt vor Erregung, seine Lippen an meinem Lümmel …

Ich zwang mich zurück ins Hier und Jetzt und zog meine Hose hoch. Verpackte meine Kronjuwelen wieder ordentlich. Wollte, dass er so schnell wie möglich verschwand, wollte zum Training, zurück in meinem Tagesablauf. Natürlich merkte ich, dass ihn das abrupte Ende nervte, aber ich war ihm nichts schuldig. Es war nicht ganz einfach – er ließ sich echt viel Zeit – doch schließlich war er draußen. Uff!

Ich trank ein Glas Wasser und ging wieder runter in meinen Fitnessraum. Setzte mir den Kopfhörer auf und brachte den Stepper in Schwung. Machte eine Weile gut mit. Sah auf die Uhr: Fünf Minuten waren vergangen. Die waren mir wie eine halbe Stunde vorgekommen. Ich probierte die Hantelbank, aber irgendwie war ich unruhig. Hatte so dumpfe Gefühle im Unterbewusstsein, befürchtete, schlecht draufzukommen. Darum brach ich das Training ab und hüpfte nach oben. Eine Dusche würde meine Lebensgeister auffrischen. Aber unterm Wasserstrahl, so mit eingeseifter Hand an Schwanz und Sack, kamen die Bilder zurück. Von Niko. Wie er meinen Schwanz verwöhnte. Richtig profimäßig, wie eine First-Class-Nutte – das war so geil gewesen! Es war unvermeidlich, dass ich dem Morgenschuss von vorhin noch einen nachschickte, sonst hätte ich den Kopf nicht klargekriegt. Super, dass ich allein war und machen konnte, was ich wollte.

Ich holte mein Laptop aus dem Büro, dann hoch ins Schlafzimmer und Klamotten runter. Ich schmiss mich aufs Bett, ging online und startete ein Deep-Throat-Pornovideo. Knetete sanft meine Eier, während ich zusah, wie eine Blondine sich mächtig anstrengte, einen dicken Mackerschwanz bis zum Anschlag zu schlucken. Ich spürte ein angenehmes Kribbeln, merkte, wie mein Schwanz dicker wurde, half mit der Hand nach, entspannte mich – das tat gut! Stimulierte meine sensible Vorhaut. Mein Schwengel pumpte sich voll. Nur ein paar Striche, dann war er steif, ließ sich astrein wichsen. Ich verteilte mit dem Daumen den Vorsaft auf der Eichel, verfolgte gebannt die Nummer auf dem Bildschirm. Der Typ versuchte, Tempo aufzunehmen, so richtig hart loszuficken, aber die Alte sperrte sich, startete nur ab und zu halbherzige Versuche, den großen Schwanz tief reinzukriegen. Viel zu langsam. Viel zu schlecht.

Weil die Bilder von Niko in meinem Kopf das Video sowieso überlagerten, legte ich das Laptop weg und schloss die Augen, während ich wichste. Meine linke Hand wanderte zur rechten Brustwarze, ich zwirbelte sie sacht zwischen Daumen und Zeigefinger, kniff sie. Ich stöhnte bei dem geilen Gefühl, das vom Nippel durch meinen Oberkörper rauschte. Mein Wichsprügel wurde noch härter, ich legte einen Zahn zu. Stellte mir vor, wie ich die hungrige Fresse von diesem Niko fickte. So eine geile Sau! Ich wechselte zur anderen Brustwarze, dann wieder zurück, wichste bis kurz vorm Finale, wollte mir aber Zeit lassen. Knetete meine Eier, fühlte jeden Zug an den empfindlichen Dingern, dachte an Niko, wie er dran gesaugt und geleckt hatte …

Eine Ladung Spucke, und die Sache wurde flutschiger. Ich fickte meine Hand, genau wie vorhin die heiße, nasse Maulfotze. Sah seinen Kopf vor mir, wie er mitgegangen war, wie er so richtig gezeigt hatte, dass er scharf drauf war. Mann, hatte der Kerl einen Schwanzhunger gehabt, echt sensationell!

Wäre er nur hier gewesen jetzt und hätte über die Kuppe geleckt! Ich bog meine Latte nach unten, als könnte tatsächlich eine Zunge die sensible Eichel berühren, Lippen an ihr saugen, ein Mund sie empfangen. Der Vorsaft floss reichlich, schmierte die Schwanzspitze noch mehr, jede Berührung jagte geile Schauer durch meinen Leib.

Und plötzlich war ich bei Leo. Der kleine, geile Lümmel aus der Nachbarschaft, der sich so unverhohlen an mich rangemacht hatte, neulich in der Garage. Ich sah ihn vor mir, wie er frech gegrinst hatte: »Alles klar, Herr Fechtner?«

Ich war am Auto beschäftigt, antwortete freundlich und unverbindlich, aber der Kerl kam einfach rein, so mit den Händen in den Hosentaschen, kam näher, murmelte irgendwas von »Sieht cool aus, wie Sie da so rumschrauben« und »Sie haben bestimmt eine Menge Ahnung von allem Möglichen«. Lauter so unzusammenhängendes Zeug. Jedenfalls war er plötzlich so nah und grinste mich so eindeutig an, dass ich ihn tatsächlich packte und abknutschte. Wie alt mochte er sein? Achtzehn, höchstens neunzehn, schätzte ich, ich hatte nie gefragt. Und dann schnell das Garagentor zugemacht. Sex mit ihm, hinterm Auto. Seine geschickten Hände, sein geübter Mund, sein süßer Arsch, den er einfach auf meinen Schwanz schob …

Ich wichste, dachte an das Gefühl beim Eindringen, wie geil es mich gemacht hatte, diesen knackigen Hintern zu ficken, der so schnell so heiß und geschmeidig wurde, dass er mir bei jedem Stoß entgegenkam, erinnerte mich an das leise Stöhnen des Kerls … Nein, ich wollte noch nicht kommen. Erinnerte mich noch, wie peinlich es mir gewesen war, dass ich damals so schnell abgespritzt hatte. Der junge Typ hatte nur gelacht, als ich irgendwas Blödes stammelte, sich die Hosen hochgezogen, mir einen kleinen Abschiedskuss auf den Mund geschmatzt und war verschwunden.

Wenn er nur hier wäre, jetzt, dieser Leo. Ich würde ihn richtig durchficken, richtig lang und hart und geil! So eng war sein Arschloch gewesen, so willig und weich und heiß, und er so jung, so versaut. Wenn er mal wieder in die Garage käme, ich würde ihn rücklings aufs Auto legen, seine Beine spreizen und ihn auf der Motorhaube ficken. Ich würde meinen Schwanz zwischen seine geilen Backen schieben, in sein geiles Fickloch … Es gibt nach, lässt mich rein, ich bums die kleine Drecksau richtig durch. Ahhh!

Als ich mich unter Krämpfen und Stöhnen ergoss, spritzte mir das Sperma bis auf die Brust. Es klatschte auf meinen Bauch und tropfte in zähen Fäden von meinem steifen Schwanz. Eine Minute oder länger ließ ich die Erregung nachklingen, genoss die langsam einsetzende Befriedigung, die zur Entspannung wurde, mich beinah schwerelos werden ließ. Ich atmete ein paarmal ruhig durch, wusste, dass ich jetzt Ruhe haben würde, Rohr frei, Systemneustart.

Mit deutlich besserer Laune als zuvor wischte ich mir mit der Unterhose die Spritzer ab, stand auf, schmuggelte die vollgewichste Buchse weiter unten in den Wäschekorb, holte mir eine neue und zog mich an. Am besten, ich machte mich gleich an die Büroarbeit. Die Trainingseinheit ließ ich für heute sausen. Genau wie die Gedanken an irgendwelche Nikos oder Nachbarn.

# Zustellung interruptus

Den ganzen restlichen Tag über ging gar nichts. Entweder belieferte ich Frauen oder – wenn es dann doch mal Typen waren – waren sie nicht allein zu Hause. Oder in der Firma. Natürlich klingelte ich auch an manchen Türen vergebens, aber meistens fand sich eine Stelle, wo ich das Päckchen ablegen konnte. Bei größeren Paketen half auch schon mal ein Nachbar aus und nahm es entgegen. Aber selbst da, Fehlanzeige. Kein einsamer Wolf, der Lust auf Gesellschaft hatte. Mist! Zwar war es keinesfalls die Regel, dass jeden Tag mehrere Abenteuer passierten, aber heute, wo es morgens so gut angefangen hatte, war ich voller Hoffnung gewesen, dies wäre einer dieser Tage. Es wäre nicht der erste, seit ich vor drei Wochen angefangen hatte.

Der Job gefiel mir. Ich war ständig auf Achse und für mich allein, hörte unterwegs meine Playlists und hatte sogar das Radio wieder neu entdeckt. Die Kiste in meinem VW Crafter klang nicht schlecht. Ich konnte sie einfach laufen lassen, blieb auf dem Laufenden durch die Nachrichten, und ein paar Sender spielten ganz brauchbare

Songs. Die Kontakte mit den Kunden bei der Paketübergabe hielten sich meistens in Grenzen, bis auf ein paar Ausnahmen eben. Und genau die waren das Salz in der Suppe! Heute sollte sie wohl nicht noch salziger werden. Noch ein paar Adressen, dann war Schluss. Aber genau da, bei der letzten Lieferung: Bingo!

Es war irgend so ein Wohnblock ohne Aufzug, und natürlich wohnte der Empfänger ganz oben. Ich sah das Treppensteigen immer als Fitnesstraining, darum machte es mir nichts aus. Nachdem unten geöffnet worden war, spurtete ich hoch und stand kurz darauf vor der Wohnung. Mit einem mittelgroßen, leichten Paket. Es interessierte mich selten, was da so hin und her geschippert wurde, darum sah ich mir die Absender eigentlich nie an. Die Tür war nur angelehnt, aber keine Spur von Hanno Berndt, dem Empfänger der Sendung.

»Hallo?«, rief ich in die Wohnung rein und klingelte nochmal.

»Ja?«, kam eine männliche Stimme von drinnen. Und dann: »Komm rein!«

Das war ungewöhnlich, aber was war schon dabei? Ich ging rein.

»Ich hab' hier ein Paket für Hanno Berndt«, rief ich durch den Flur in die Richtung, aus der die Stimme gekommen war. Stand kurz darauf neben der Küchentür. Lugte hinein. Und erblickte einen Burschen, bisschen jünger als ich, der sich gerade Rühreier machte und die Pfanne im Blick behielt. Ungefähr so groß wie ich, schlaksig auf diese jungenhaft-sportliche Art. Barfuß, Jeans und Shirt. Kurz rasierte dunkle Stoppelhaare, paar Bartflusen an den Wangen. Schöner Kopf! Wahrscheinlich war er allein zu Hause. Ich hielt ihm das Paket hin, und er sah kurz rüber, nickte.

»Mein Vater«, meinte er. Ich scannte den Code ab und legte die Sendung auf die Arbeitsplatte. Der Typ rührte weiter in der Pfanne, ohne mich zu beachten. Dann schien er die Eier für gut zu befinden und stellte die Pfanne auf die Seite.

»Machst du das immer, die Wohnungstür einfach auflassen?«, fragte ich.

»Klar«, gab er zurück, ohne aufzusehen, suchte in einer Schublade nach Besteck.

»Na ja, hast du keine Angst vor bösen Männern?«, hakte ich nach.

Jetzt sah er mich an, amüsiert, lachte auf. »Böse Männer?« Er musterte mich von oben bis unten. »Warum? *Bist* du ein böser Mann?«

Der Kerl blieb total lässig, machte sich lustig über mich, aber irgendwie war da noch was anderes. Ich grinste ihn an, geriet ein bisschen ins Schwitzen. »Wer weiß?«

»Ich hab' den roten Gürtel in Taekwondo.« Er grinste wieder.

Roter Gürtel. Das war vermutlich ziemlich gut. Ich nickte anerkennend. Er drehte sich wieder zum Herd und ertappte mich dabei, wie ich auf seinen Hintern glotzte.

»He, was ist?«, fuhr er herum. Als ich nichts sagte: »Alles klar, Alter?«

Das klang provozierend. Oder vorwurfsvoll? Ich wusste nicht, was ich sagen sollte.

»Ach, so einer bist du«, kam es trocken von ihm. Wie meinte er das?

Er kam auf mich zu, sah mich direkt an, schmunzelnd, umwerfend frech und sexy. Mit so 'nem gewissen Schalk im Blick seiner hellen Augen. Stellte sich ganz dicht vor mich. Ich spürte seinen Atem, als er sagte: »Willst du denn böse sein?«

Mir blieb die Spucke weg, aber er hatte schon eine Hand an meiner Beule. Ich reagierte überrascht, aber nicht schockiert. Jedenfalls erkannte er, dass er auf der richtigen Spur war, vielleicht an meinem Blick. Oder an meinem Schwanz, der sich bei seinem Griff prompt versteifte. Und ehe ich mich's versah, knutschten wir wild rum. Dabei drängte er mich in den engen Flur, versuchte, mich aus meiner Kluft zu schälen, das war bei dem Overall nicht schwer. Kniete sich blitzschnell hin und zog mir die Unterhosen runter, sodass mein Schwengel samt Glocken direkt vor seinem Gesicht schwang. Er nahm ihn auch gleich brav in den Mund und saugte daran. Von da an war mir alles egal. Nur noch der geile Kerl zählte, der mein Blut in Wallung brachte, von null auf hundert in zehn Sekunden. Er lutschte meinen Schwanz vom Feinsten, konnte ihn bis zum Anschlag schlucken und vergaß nicht, die Eier mit einzubeziehen. Junge, war der geübt für sein Alter!

Wie er so, während er meinen großen Schwanz verwöhnte, von unten zu mir hochsah, mit seinem Engelsgesicht und dem versauten Ausdruck in den Augen, konnte ich mein Glück kaum fassen. Was für ein genialer Tagesabschluss!

Ich nahm seinen Kopf zwischen die Hände, ganz behutsam. Die Stoppeln fühlten sich geil an, wie sie bei seinen Lutschbewegungen meine Handflächen kitzelten. Der Bursche blies jetzt mit ziemlichem Tempo, und meine Latte wurde bockhart. Das forderte ihm nun doch einiges ab. Er begann zu würgen und zu spucken, ließ aber nicht ab von meiner dicken Zuckerstange. Eine Weile genoss ich das talentierte Mäulchen, aber als er mich auch noch zu wichsen anfing, wehrte ich ab, zog ihn hoch und küsste ihn nochmal, richtig lang und saftig. Mann, schmeckte der gut!

Nun war ich es, der ihm die Klamotten vom Leib riss, ihm mit den Händen über die warme, nackte Haut fuhr, den Rücken hinunter bis zu den drallen Arschbacken, die ich sachte knetete. Ich griff mir seinen Schwanz, ein bildschöner M-Schwanz, packte kurz die Eier, woraufhin der Kerl zusammenzuckte. War wohl nicht sein Ding, an den Eiern gezogen zu werden. Ich ging runter und schleckte ein paarmal über die himbeerrote Eichel. Die war schon nass von Vorsaft. Ich saugte das geile Zeug ab. Dann schob ich mir den leckeren Schwanz ins Maul und lutschte ihn genüsslich, schluckte den unaufhaltsam fließenden Vorsaft, fand einen Rhythmus, mit dem ich mir den harten Prügel selbst in die Kehle fickte. Die ganze Situation machte mich mächtig scharf. Das alles war dermaßen verboten, dass ich richtig wild wurde. Was, wenn plötzlich die Eltern kamen? Egal. Ich konnte gar nicht genug kriegen von der Saftlatte. Am liebsten hätte ich den ganzen Bengel verschlungen. Der war genau so wild wie ich, keuchte heftig und zappelte herum, beugte sich über mich und streichelte meinen nackten Rücken. Ich blieb an ihm dran, saugte immer weiter seinen Steifen, bis er plötzlich zurückwich.

Ich fiel nach vorne auf alle viere, musste lachen, rappelte mich hoch, rieb mir den Schädel. Mann, ich war high vor Geilheit! Der Kerl lachte nicht mit, er blieb ganz bei der Sache, kam wieder näher, küsste mich, knutschte mit mir … Heißer Atem. Der ganze Kerl war heiß, sein Blick, seine Haut. Automatisch glitt meine Hand Richtung Arsch. Er hatte wirklich einen Prachtarsch, so richtig knackig und glatt und rund. Und als ich einen Finger in die Ritze schob, kam er mir gleich entgegen. Ich also ran an die Muffe und rein mit der Kuppe. Es ging ganz leicht, ich spürte, wie sein Ringmuskel an meinem Finger saugte. Geil!

Ohne Zickerei, ohne Hemmungen bückte sich der Typ noch mal runter zu meinem Schwanz und lutschte ihn kurz. Dann drehte er sich um und schob seinen Hintern drauf. Einfach so. Wow! Wir fickten im Stehen. Es war geil. Aber die blöden Mäntel und Jacken an der Garderobe nervten uns. Er kniete sich auf den Parkettboden und streckte mir seinen Arsch hin. Ich stieg über ihn und stopfte von schräg oben meinen Prügel ins Loch. Fickte ihn mit schnellen, harten Stößen. Er gab ächzende Laute von sich, wie gequält, doch ein prüfender Griff zwischen seine Beine zeigte mir, dass es ihm Lust bereitete, auf diese Art gefickt zu werden – er hatte eine knallharte Latte.

»Spritz ab! Spritz in mir ab!«, hörte ich den geilen Kerl leise flehen. Der Winkel, mit dem ich meinen Schwanz in die enge Arschmuffe rammte, verschaffte mir einen mega geilen Reiz, und der Druck, der sich den ganzen Tag in mir über aufgestaut hatte, drängte zur Entladung. Ich wehrte mich nicht dagegen. Jeder weitere Stoß in den heißen, nassen Fickkanal pumpte mich dem Orgasmus entgegen. Die Reibung des schmiegsamen Gewebes kitzelte jede einzelne Nervenzelle meines Geilriemens. Ich spürte, wie er Unmengen von Vorsaft in die Fotze träufelte, sie noch flutschiger, noch geschmeidiger, noch fickbarer machte. In einer perfekt linear aufsteigenden Erregungskurve kroch meine Ladung langsam, aber stetig aus den Eiern hoch, war bei den nächsten Stößen in der Flinte, staute sich kurz, und schoss schließlich ihren geilen Saft tief in die Eingeweide des willigen Kerlchens. Ich fickte weiter, spritzte dabei einen Schwall nach dem anderen in den zuckenden Fickschlauch, stöhnte laut auf, knurrend, noch immer ganz oben auf dem Höhepunkt, war gepackt, gefangen, bis endlich ein letzter Schauer den Bann brach. Ich schüttelte mir kurz den Lustrausch aus dem Kopf und ließ meinen Schwanz aus dem nassen Spermaloch gleiten.

Der Kerl legte sich flach auf den Boden und atmete erschöpft durch, während ich mich aufrichtete und versuchte, mich zu fangen. Mann, war das geil gewesen!

Etwas unbeholfen kam schließlich auch der kleine Drecksbengel hoch. Ich konnte sehen, wie ein zäher Faden Geilschleim von seinem halbsteifen Schwanz zu Boden segelte, bemerkte auch den nassen Fleck auf dem Parkett. Also war auch er gekommen. Er hatte keinen Laut von sich gegeben, einfach stumm abgespritzt. So ein geiles Ferkel.

»Hast du noch Zeit?«, fragte er mit rauer, von Lust belegter Stimme. Ich sah ihn fragend an. »Zum Duschen«, erklärte er, nahm mich bei der Hand, öffnete die nächste Tür und zog mich ins Badezimmer.

Die ständigen Berührungen mit dem nackten, glatten Fickfrosch in der engen Duschkabine, dazu die warme Berieselung von oben … Es dauerte nicht lange, und mein Schwengel fing wieder an, sich aufzupumpen. Während der Wasserstrahl auf uns niederprasselte, kniete sich der Bengel hin und fing wieder an, meinen Schwanz zu lutschen, der schnell komplett steif war. Der Kerl führte meine Hände an seinen Hinterkopf, blickte mich mit dem Knüppel zwischen den Lippen hingebungsvoll an, schob ihn sich weiter rein, so tief, bis es nicht mehr ging. Ich half mit festem Druck nach, presste seine Fresse auf meinen Ständer. Es gab einen Ruck – dann steckte ich drin. Bis zum Anschlag. Obwohl sich der Bursche wehrte, hielt ich ihn noch ein paar Sekunden fest, genoss das Gefühl in dem engen Kehlenschlauch, spürte, wie mein Prügel pochte, registrierte die Schluckbewegungen, die ihn auswerfen wollten. Erst dann ließ ich los. Der Junge schnappte nach Luft, prustete und spuckte, aber nur, um sich gleich darauf wieder auf den Lustpflock zu stürzen und sich erneut damit die Kehle zu stopfen. Ich verpasste ihm einen geilen, harten Deep-Throat-Fick, und er machte prima mit. Ein wirklich versautes Früchtchen!

Der Gedanke an seinen vollgespritzten Arsch führte zu einem Programmwechsel. Ich zog den Kerl hoch, drehte ihn um und drängte mich an ihn. Alles war nass und warm und wunderbar. Der Typ machte mich echt verrückt. Absichtlich stocherte ich mit meinem bockharten Fickprügel am Loch vorbei, an den Damm, zwischen die Beine, stupste kurz an die Rosette, nur um nochmals jede Stelle ringsum mit der blankgelegten Eichel zu betupfen. Das machte den Burschen wild, er keuchte und stöhnte, wollte endlich meinen Schwanz in sich haben, wollte gefickt werden. Und mir machte es Spaß, ihn so zappeln zu lassen, mich selbst zu bremsen. Ich wollte ja selbst rein, wollte ficken.

Immer öfter schaffte es der Kerl, seine Körperöffnung auf meinen Schwanz zu drücken. Das war geil, weil dann immer ein bisschen Sperma raustropfte, was die Sache noch flutschiger, noch verlockender machte. Ein paarmal konnte ich noch entwischen, aber dann rutschte ich plötzlich doch rein – zack! – und war drin. Der ganze große, harte Schwanz war drin. Mann, fühlte sich das gut an! Ich hielt den Kerl fest, ganz ruhig, genoss einfach nur die Verbindung, wie er da so auf mir draufsteckte. Er verstand, entspannte sich, umschmeichelte mit sanftem Druck meinen zuckenden Fickriemen. Es war der Wahnsinn.

Eine ganze Weile blieben wir so ineinander verdübelt

unterm warm rieselnden Wasserstrahl stehen. Alles, was passierte, passierte tief im Arsch des geilen Kerls, im Unsichtbaren, in einer anderen Dimension. Zumindest fast. Ein Griff nach vorne bewies, dass es auch draußen eine Aktion gab, denn sein Schwanz in meiner Hand war knallhart und tropfte vor Geilheit. Das machte es für mich noch intensiver, trotzdem ließ mich die Erregung nicht länger stillhalten. Sie verlangte Steigerung. Ganz sachte rieb ich meinen Fickriemen im besamten Arschkanal, küsste ihn wieder wach, brachte ihn in Bewegung, und nach und nach begann der Kerl, mit seinem Hintern meinen Ministößen entgegenzuwippen, holte immer weiter aus, mit mehr Schwung, schneller, bis wir richtig fickten. Ich packte ihn an den Hüften und donnerte ihm meinen dicken Prügel zwischen die beduschten Arschbacken, dass es nur so klatschte. Dass das Fickloch bereits besamt war, sorgte für eine geniale Schmierung.

Der Kerl ließ sich prächtig durchziehen. Er stützte sich mit einer Hand an der Wand ab und wichste mit der anderen. »Ich komm gleich«, stöhnte er, schob seinen Knackarsch noch mehr raus, kam mir noch besser entgegen, empfing meine Rammstöße so hungrig, so geil, dass ich zum Endspurt ansetzte. Als sich seine Rosette beim Orgasmus um meinen Schwanz krampfte und ihm damit den ultimativen Reiz verschaffte, knallte auch bei mir der Korken, und ich spritzte ihm eine druckvolle zweite Spermaladung in den Arsch.

Wir keuchten beide noch vor Erregung und Anstrengung, da hörte ich plötzlich Geräusche von draußen.

»Scheiße!«, alarmierte mich der Kerl mit vor Schreck aufgerissenen Augen. In Windeseile stellte er das Wasser ab, stieg aus der Duschkabine, schnappte sich ein Handtuch und warf auch mir eins zu. Da ging auch schon die Tür auf, und ein Typ, ein paar Jahre jünger als der andere, stand da und glotzte uns an. Vor allem mich. Auch er sah ganz gut aus. Das bemerkte ich selbst in dieser Schocksekunde.

Genervt rollte er die Augen und schnaubte. »Mensch, Leo, nicht schon wieder hier drin! Ihr Schweine!«

Damit schlug er die Tür zu und war wieder draußen. Leo also.

Er kicherte und rubbelte sich trocken. »Mein Bruder. Der ist stockhetero. Und *so* verklemmt, echt peinlich.«

Ich schwieg, beeilte mich mit dem Abtrocknen. Eine Menge Gedanken schwirrten mir im Kopf rum. Das war knapp gewesen. Wer weiß, was alles hätte passieren können, am Schluss noch eine Anzeige oder sonst was. Und wie sollte ich jetzt rauskommen aus der Sache, mit dem Bruder vor der Tür?

»Kann ich einfach gehen? Oder willst du mit ihm reden?«

Leo ließ sich Zeit, blieb völlig gelassen und fuhr sich mit einem Stück Klopapier zwischen die Backen, wo er wahrscheinlich noch immer ziemlich spermanass war.

»Geh schon mal, du kannst dich ruhig anziehen, der macht nichts. Ich komm gleich.«

Na dann. Ich fasste mir ein Herz und schlüpfte in den Flur. Vom Bruder war nichts zu sehen. So leise wie möglich sammelte ich meine Klamotten und zog mich an. Dann kam auch schon Leo raus, noch immer splitternackt und die Ruhe selbst. Er gab mir einen kleinen Kuss.

»Das war super«, meinte er leise.

Ich nickte, musste grinsen: »Oh ja, allerdings. Vielen Dank.«

»Immer wieder gerne«, raunte mir der geile Kerl ins Ohr.

Der Typ war irre, so was Geiles. Ich tätschelte ihm noch mal den nackten Arsch, dann drehte ich mich um und ging zur Tür. Von hinten näherte sich die Stimme des Bruders: »Mach wenigstens eure Sauerei weg, ich hab' keine Lust, wieder auf dem Scheißsperma rumzurutschen!«

Ich machte, dass ich rauskam. Eine Menge Gedanken gingen mir durch den Kopf. Der kleine Bruder hatte offenbar Erfahrungen mit Spuren von Männersex in der Duschkabine. Dieser Leo war echt ein Früchtchen. Mann, die Nummer hätte mich Kopf und Kragen kosten können, wenn nicht der Bruder, sondern die Eltern plötzlich in der Tür gestanden hätten. Ob das ein Nachspiel haben konnte? Würde der Bruder dichthalten?

# Leo hat nur Sex im Kopf

Wer hätte gedacht, dass der langweilige Tag so gut enden würde? Das Timing war perfekt. Meine Eltern waren noch für Stunden weg und von meinem Bruder Jens keine Spur, da schneite dieser Paketbote rein. Ich fand es niedlich, wie er spürbar nervös wurde, als er da so mit mir allein in der Küche stand. Mir war klar, dass ich ihm gefiel. Keine Ahnung, warum, aber ich merkte immer, wenn Männer sexuell von mir angezogen waren. Das passierte öfter, sie machten es mir ziemlich leicht. Und ich war ziemlich empfänglich für ihr Interesse, hatte sowieso die meiste Zeit nur Sex im Kopf. Konnte kaum abwarten, bis ich Feierabend hatte und die Firma, wo ich eine Lehre zum Mediengestalter machte, verlassen konnte. Blöd, dass ich noch bei meinen Eltern wohnte, aber das würde sich bald ändern. Ich war schon auf der Suche. Nach dem Abendessen mit der Familie verschwand ich, ging zu einem Freund oder traf mich mit Kumpels. Oder ich streunte allein durch die Stadt. Das tat ich am liebsten. Mit dem Fahrrad losfahren, irgendwohin, entweder zu einem belebten Viertel oder in stille Parks. Auch das Industriegebiet stand ganz oben auf der Liste meiner abendlichen Ausflüge. Dort gab es immer Männer, die irgendwas aufbauten, ein- oder ausluden, oder einfach nur zusammenstanden. Oder einsame Arbeiter, die letzte Handgriffe anlegten, egal an was.

Ich kannte keine Scheu, ging einfach auf die Leute zu, war hungrig nach Bekanntschaften. Am liebsten mit älteren Männern, so Anfang bis Mitte dreißig und verheiratet. Die waren irgendwie geil. Das war mein Beuteschema.

Klar, oft blieb es nur bei netten Gesprächen, aber ich sah ganz gut aus, und probierte zu flirten, wenn ich eine Chance witterte. Frechheit siegte, das zeigte meine Fickbilanz. Überraschend viele Heteros hatten Druck im Getriebe und ließen sich zu einem Quickie überreden, wenn ich ein paar Anspielungen in die richtige Richtung machte. Die meisten Männer waren scharf drauf, ihren Schwanz gelutscht zu bekommen, und dass ich genau darauf stand, schaffte ich immer irgendwie mehr oder weniger beiläufig einfließen zu lassen.

Der Paketbote war eigentlich nicht mein Typ. Zu jung, nur ein paar Jährchen älter als ich. Aber er sah ganz gut aus in seinem schwarzen Overall mit den gelben Streifen, die Gelegenheit war günstig und ich war schon den ganzen Tag geil gewesen. Er machte einen auf starken Mann, aber über die Nummer »Ich bin ja älter und darum viel erfahrener und klüger als du« konnte ich nur lachen. Er faselte irgendwas von »bösen Männern« und glotzte mir dabei ganz frech auf den Arsch. Wahrscheinlich war es der Gedanke hier und jetzt in der Wohnung mit einem wildfremden Kerl Sex zu haben, der mich anmachte und zum Angriff übergehen ließ.

Es war dann geiler, als ich erwartet hätte. Er hatte einen ziemlich langen und dicken Ständer und küsste richtig gut. Ich wollte ihn auf alle Fälle hinten drin haben, und war happy, dass genau das passierte. Der Typ nagelte mich gegen die Garderobe, bis ich mich auf den Boden kniete, wo er mich von hinten nahm. Ich fand es erregend, mich vor unserer Küche auf dem Flur vögeln zu lassen. In Zukunft würde ich diesen Teil der Wohnung mit anderen Augen betrachten. Der Kerl rammte mir seinen fetten Bolzen rein, dass meine Arschfotze nur so jubelte. Ich merkte, wie meine Säfte vor Geilheit zu fließen begannen, wie geschmeidig, wie mühelos der harte Schwanz rein und raus rutschte, wie bei jedem Stoß eine Welle durch meinen Leib brandete. Der Typ pumpte mich mit harten Strichen über meine Prostata in Richtung Abschuss, ohne dass ich meinen Schwanz berührte. Ich konzentrierte mich voll auf das Gefühl im Arsch, genoss die Regelmäßigkeit, mit der der Prügel mich fickte, fühlte meinen Orgasmus kommen.

»Spitz ab! Spritz in mir ab«, bettelte ich. Ich sehnte mich nach seinem Sperma, spannte meinen Beckenmuskeln ruckweise an, fühlte den Fickschwanz noch intensiver, brachte mich damit meinem eigenen Höhepunkt näher, wurde im nächsten Moment in den Himmel gevögelt, denn der Kerl nahm Tempo auf, fickte schneller, härter, und spritzte mit einem inbrünstigen Stöhnen in mir ab. Meine Latte zuckte zusammen und spuckte heißes Sperma. Fünf, sechs Mal. Richtig geil.

Das tat so gut, dass ich den Kerl nicht so schnell wieder auf die Straße schicken wollte. Der war echt heiß. Also zog ich ihn in die Dusche. Dass wir nochmal so geil ficken würden, hätte ich nicht gedacht, eher an ein bisschen Blasen und Knutschen. Aber wir kamen beide rasch wieder in Fahrt, da war es unvermeidlich, dass wir bald wieder richtig loslegten. Anfangs war ich irritiert, weil er so ruhig blieb, irgendwie komisch. Er steckte einfach in mir, und obwohl ich meinen Hintern nicht stillhalten konnte, passierte eine Weile nichts. Ich fragte ihn, ob was sei, aber er meinte nur, ich solle einen Moment lang so bleiben. Keine Ahnung, vielleicht war ihm schwindlig. Dann aber fing er endlich an, mich wieder zu ficken. Mit dem Sperma in meinem Arsch ging das prima. Ein wirklich toller Schwanz und ein super Ficker, ich kam richtig auf Touren. Das Wasser ließen wir einfach laufen. Auch das war geil.

Ich hatte erst neulich mit einem anderen Kerl in der Dusche gefickt, aber der hier war viel besser. Er wechselte den Winkel, in dem er in mich eindrang, ein paarmal, fickte jeden Zentimeter meiner Arschfotze, hielt mich dabei ganz fest und lenkte meinen Hintern, wie er wollte. Das machte mich scharf, denn genau darauf stehe ich: Wenn sich die Typen nehmen, was sie brauchen. Also hielt ich mein Loch hin und ließ mich ficken, ließ mich benutzen. Ja, das war es, was ich wollte, genau das. Geil!

Es dauerte nicht lange, und er spritzte zum zweiten Mal in mein vorbesamtes Loch ab. Ich wichste wie ein Weltmeister, so geil war ich. Kurz nach ihm kam auch ich, wurde geschüttelt von einem heftigen Orgasmus, glotzte gebannt auf die dicke Spermasoße, die ich vergossen hatte. Ganz schön viel für eine zweite Ladung. Ein Teil floss an den Fliesen runter, der geile Glibber staute sich in einer Ecke des Duschbeckens. Ich war noch richtig weg, merkte erst, als der Typ plötzlich hektisch aus der Kabine stieg, dass was los sein musste. Scheiße! Aber es war nur Jens, der Blödmann, der mal wieder stören musste. Ich hatte keine Lust, mir wieder sein Genöle anzuhören, darum beeilte ich mich, aber da kam er schon rein. Meckerte irgendwas von »Nicht schon wieder« und so weiter. Na ja, wenigstens gönnte er dem Kerl einen friedlichen Rückzug. Aber kaum war der aus der Tür getreten, ging's auch schon los: Ob ich krank wäre, ob ich nicht mal einen Tag ohne Sex auskommen könnte, was unsere Eltern sagen würden, wenn sie wüssten, was hier in ihrer Wohnung getrieben wurde, bla, bla, bla … Ich beschloss, Jens lieber aus dem Weg zu gehen, hatte sowieso vorgehabt, zu meinem Kumpel Robbi zu fahren. Also machte ich den Abflug. Sollte mein Bruder doch allein klarkommen.

Auf dem Weg mit dem Fahrrad zu Robbi kam ich am Haus von diesem Fechtner vorbei. Ich fuhr ein bisschen langsamer, versuchte, hinter den hell erleuchteten Fenstern seine Gestalt auszumachen, aber es regte sich nichts. Auch meine Hoffnung, dass er sich in der Garage rumtrieb, blieb unerfüllt. Ich musste schmunzeln beim Gedanken an die Nummer neulich, als ich zu ihm reingegangen war. Wie nervös er wurde, so allein mit mir in der Garage, hinterm Auto. Richtig mit Schweißperlen auf der Stirn und unruhigen Augen. Echt süß. Trotz seiner Angst, entdeckt zu werden, kam er superschnell in Fahrt. Er hatte wohl einen ziemlichen Druck. Sein harter Schwanz … Hmm, richtig lecker hatte der geschmeckt. Damit, dass er ihn in meinen Hintern schieben darf, hatte er nicht gerechnet, das merkte ich ihm an. Aber genau das war das Geile daran, dass der Mann gar nicht wusste, wie sexy er war. Ich war schon lange scharf auf ihn, hatte ihn ein paarmal beobachtet, wie er in der Garage oder davor Einkäufe aus seinem Mercedes GLS holte oder irgendwelche Kisten und Geräte umstellte, Gartenkram wahrscheinlich. Einmal auch beim Einkaufen im Supermarkt, da hatte ich ihn sogar gegrüßt, aber er hatte nur irritiert zurückgenickt. Er war ein echter Traummann – sportlich, attraktiv. Richtig Kohle schien er auch zu haben, jedenfalls, wenn man nach Haus und Auto und so urteilte. Die Frau hatte ich noch nie gesehen. War bestimmt so eine Luxustussi.

Am letzten Mittwoch war es dann so weit gewesen. Ich hatte gar nicht zu hoffen gewagt, jemals an ihn ranzukommen, aber wie er da so unruhig wurde und beinah Angst vor mir zu haben schien, wusste ich sofort, dass da was ging. Und dann, keine fünf Minuten später, fickte er mich. Drückte mich einfach hinten an die Karre und bockte mich durch, als ob's kein Morgen gäbe, der geile Heterohengst. Ich fand es super, dass er so schnell abspritzte, es machte mich irgendwie noch schärfer. Die ganze heimliche, verbotene Nummer war geil gewesen. Dass er so schnell machte, passte dazu. Es schien ihm peinlich zu sein, mehr oder weniger alles, was geschehen war. Aber das war sein Problem. Ich hatte nicht vor, ihn zu erpressen oder zu stalken. Es reichte mir, dass ich ihn rumgekriegt und sein Sperma in meinen Arsch bekommen hatte. Mir ging's prima danach.

Ich warf einen letzten Blick auf das Haus, als ob ich das Erscheinen seines Besitzers heraufbeschwören könnte. Es würde ihm bestimmt gefallen, meinen vollgespritzten Arsch zu ficken. Ich erinnerte mich an das Gefühl nach dem Fick mit ihm. Wie mein Loch geglüht hatte. An sein Sperma, das in meine Unterhose getropft war. Nachts im Bett hatte ich mir einen drauf runtergeholt, an der noch immer nassen Stelle geschnüffelt, den pilzigen Geruch von seinem Heterosperma inhaliert, daran geleckt …

Ich musste mich richtig dazu zwingen, endlich aufzugeben und weiterzuradeln, den Anflug von Geilheit zu verdrängen. Hatte mich ja gerade erst mit dem Paketboten verausgabt. Ein paar Minuten später war ich schon in Robbis Bude, und wir lagen nebeneinander und hörten Musik. Das taten wir öfter. Einfach daliegen, Musik hören, an die Decke starren. Ab und zu quatschten wir auch. Ich erzählte ihm, wie mein Bruder sich aufgeregt hatte, als er mich und den Paketboten in flagranti erwischt hatte. »Der soll mal erwachsen werden«, brummte ich selbstgefällig.

»Vielleicht hat er ja recht«, meinte Robbi, und es überraschte mich nicht. Wenn es um Sex ging, hatten er und ich sehr unterschiedliche Ansichten. »Du musst wirklich mit jedem schlafen, der dir übern Weg läuft. Das ist fast schon zwanghaft.«

Ich lachte: »Mir ist klar, dass du nicht neidisch bist,

dazu kenne ich dich zu gut. Bei meinem Bruder bin ich mir da nicht so sicher. Aber zum tausendsten Mal: Für mich ist Sex nichts Besonderes. Schon besonders, aber nichts Einzigartiges, Heiliges oder so, du weißt schon …«

»Ja, ich weiß: was Universelles, Kosmisches, trotzdem Intimes, bla, bla, bla. Fakt bleibt, dass du verdammt promisk bist. Ein richtiger Zocker. Du kennst überhaupt keine Grenzen. Oder Risiken. Aber die richtige Chance verpasst du vielleicht.«

»Ich mach's bestimmt nicht wie du und spar mich für ›den Richtigen‹ auf.«

Das wär' ja noch schöner! Wie immer bei dem Thema kam ich in Fahrt. »Du kneifst ja schon die Rosette zusammen, wenn dich einer mal bisschen anvisiert. Ich warte immer noch drauf, dass du dich mal traust und nicht immer so eine Scheißangst vor Sex hast. Je mehr du's machst, umso besser. Dann lernst du dich mal richtig kennen, du kleiner, geiler Rammelkönig.«

Bei diesen Worten startete ich eine Kitzelattacke. Sie mündete in einer kurzen, von Kichern begleiteten Balgerei, bevor wir keuchend und gackernd auf dem Rücken endeten. Wir waren einfach Freunde, hatten nie zusammen Sex gehabt oder rumgeknutscht oder so was. Obwohl Robbi ganz gut aussah, groß, bisschen kräftig um die Hüften, doch das stand ihm gut. Und er hatte ein echt hübsches Gesicht, einen breiten Mund, eine lange Nase, halblange dunkle Haaren und richtig große, blaue Augen. Er war zwar schüchtern, aber unheimlich witzig. Wir lachten oft wie die Verrückten. Ich gefiel ihm auch, das wusste ich. Aber wir waren eben wie Brüder. Da war kein Prickeln, keine verborgene Leidenschaft, nur ein ganz großes Vertrauen.

»Stimmt doch gar nicht, dass ich so eine große Sache draus mache«, ließ Robbi nicht locker. »Weißt du noch, der blonde Skater-Typ? Dieser Fjodor? Mit dem hab' ich doch auch rumgemacht neulich abends, obwohl wir uns gar nicht richtig kannten.«

»Ja, du bist ein echter Rebell«, gab ich zurück und schnaubte verächtlich. »Der zählt nicht. Erstens hattest du zig Drinks intus, und zweitens warst du in ihn verknallt.«

Robbi starrte mich entgeistert an: »War ich nicht«, protestierte er und drückte das Kissen, das er wie zum Schutz an seine Brust presste, noch stärker zusammen.

»Klar warst du das. Du hast dich schon mit ihm in den Flitterwochen gesehen und warst die ganze Woche danach fix und fertig, weil er sich nicht mehr gemeldet hat. So was zählt nicht. Das war genau wie Aufsparen, nur ohne Aufsparen.«

Da flog mir auch schon das Kissen an den Kopf.

»Du und deine Sextheorien«, meinte Robbi lachend.

# Jungfrau Dorian

Freitagmorgens Besprechung mit dem Gruppenleiter, jeder einzeln. Ich war nervös, hatte mir aber eigentlich nichts vorzuwerfen. Die Zulieferquote dieser Woche war gut gewesen, es waren nur wenige Benachrichtigungen für nicht angetroffene Empfänger in den Briefkästen gelandet. Das war ein wichtiges Kriterium, nach dem nicht nur wir bewertet wurden, sondern auch der Lieferservice des ganzen Unternehmens. Je weniger Empfänger den Weg zur Abholung in der Filiale auf sich nehmen mussten, desto besser fielen die Bewertungen in den blöden Internetportalen aus. Was da geschrieben wurde, war sowieso meistens böse Polemik. Nie schrieb mal jemand »Danke für die Lieferung und den geilen Fick mit dem attraktiven Paketboten, gerne wieder!«

Ich musste schmunzeln bei dem Gedanken an solche Kommentare, aber da wurde ich schon zu Herrn Kostic reingerufen. Hinter seinem Schreibtisch prangte in großen Lettern der Firmenslogan: »Unser Service – Immer. Überall. Zuverlässig.« Diese Worte hämmerte uns Kostic so oft ein, dass es schon lächerlich war. Aber heute machte er es kurz. Er war im Großen und Ganzen zufrieden mit mir. Darum war ich bester Laune, als ich in der Halle meinen Karren belud und den jungen Kollegen begrüßte, der neben mir Pakete in seinen eigenen Laderaum schob.

»Hi Tarik.«

»Hi Niko! Na, alles noch dran?« Ich freute mich über die nett gemeinte kollegiale Anspielung auf das Gespräch mit dem Boss. Und noch mehr freute ich mich darüber, dass er meinen Namen behalten hatte. Seinen hatte ich mir extra gemerkt, denn der Kerl war eine echte Augenweide: schwarze Locken, kleines Bärtchen, samtene braune Haut, die sich über seinem dicken Bizeps spannte, und sexy braune Augen mit den längsten Wimpern der Welt. Er war ein bisschen größer als ich und von echt kerliger Statur. So richtig mit Muskeln. Brust, Arme, Beine – das volle Programm. Er trainierte sicher viel. Bei mir war im Vergleich alles eher mittelmäßig. Aber ich war auch stinkfaul, kriegte selten den Arsch hoch für Übungen. Dafür umso öfter für andere Sachen.

»Es war gar nicht so schlimm. Ich hab' ihm einfach einen geblasen«, sagte ich gespielt beiläufig, während ich einen Adressaufkleber studierte. Tarik lachte kurz auf und wuchtete einen Stapel Pakete in den Wagen. »Schön für dich«, meinte er nur, dann arbeitete er weiter. Der Kerl sah nicht nur gut aus, ich nahm auch an, dass er schwul war. Er hatte so ein paar Andeutungen gemacht. Aber er war auch schüchtern, vielleicht nicht richtig geoutet. Mit provokanten Sprüchen oder direktem Angriff würde ich bei ihm nicht weit kommen.

»Was machst du denn so, wenn du frei hast«, meinte ich, in der Hoffnung, wenigstens bei einer unverfänglichen Plauderei ein paar Einblicke in sein verschlossenes Wesen zu erhalten. Herauszufinden, ob vielleicht was ging.

»Keine Ahnung. Abhängen. Mit Kumpels oder der Familie.«

Er war nicht sonderlich bei der Sache, antwortete eher pflichtbewusst als gesprächsbereit, konzentrierte sich weiter aufs Einladen. Familie?

»Bist du verheiratet? Hast du Kinder oder so?« Das konnte ich mir zwar nicht vorstellen, aber es war gut zu wissen.

Er lachte wieder, aber eher genervt: »Nein. Aber Eltern. Und Geschwister. Warum?« Bei der Frage stellte er sich plötzlich vor mir auf, sah mir direkt in die Augen. Verdammt! Ich merkte, wie ich rot wurde. Meine Absichten waren wohl doch zu offensichtlich gewesen, aber ich gab mir einen Ruck.

»Na ja, weil ich dachte, vielleicht gehen wir mal was trinken«, erklärte ich lahm.

Er musterte mich von oben bis unten, als ob er mich zum ersten Mal sehen würde.

»Nee, lass mal«, wehrte er zu meiner Enttäuschung ab.

Ein harter Brocken! Ich wusste, dass ich es erst mal gut sein lassen musste.

»Okay, war nur ein Vorschlag«, gab ich mit einem Lächeln zurück und machte mich dann ebenfalls daran, die sortierten Pakete einzuladen. Schweigend arbeiteten wir nebeneinander. Tarik war als Erster fertig. Er nickte mir zu, stieg ein und fuhr mit einem kurzen, lauten Abschiedshupen aus der Halle. Keine Ahnung warum, aber irgendwie baute mich das Hupen auf. Jedenfalls war es nett von ihm, nochmal an mich zu denken. Ich schmiss die letzten Kartons in den Wagen, knallte die Tür zu und hüpfte auf den Fahrersitz. Während ich aus der Halle fuhr, stellte ich im Kopf bereits meine Route zusammen.

Je nach Gegend war die Parkplatzsuche eine echte Herausforderung, darum fuhr ich morgens immer zuerst Hauptverkehrsstraßen an, weil dann weniger Autos rumstanden. Die Anwohner waren auf dem Weg zur Arbeit oder sonst wo unterwegs. Die ersten dreißig Zustellungen verliefen ohne Probleme, aber auch ereignislos. Parken, klingeln, Treppen steigen oder Lift fahren, Tür auf, Scan, Tür zu, fertig. Na ja, Job ist Job. Grundsätzlich war ich froh, dass ich nicht in Zeitverzug kam, lange rumsuchen musste, Nachbarn rausklingeln oder so. Obwohl … *Oder so* wäre mir ganz recht gewesen. Es juckte mich schon den ganzen Morgen, das musste am Wetter liegen. Es war sonnig, mit warmen Windböen, die die Bäume rauschen ließen. Richtig schön. Wenn es weiter so reibungslos lief, würde ich mir eine kleine Mittagspause mit Kaffee und Snack in einem Straßencafé gönnen. Dieser Gedanke sorgte dafür, dass ich beim nächsten Empfänger die Treppen mit mehr Schwung nahm und schneller als sonst oben an der Wohnungstür klingelte. Der Typ, der die Tür aufmachte, kam mir bekannt vor. Als wir bei der Entgegennahme kurz Blickkontakt hatten, erinnerte ich mich. Ich hatte ihn im *Inside* gesehen, einer kleinen, schwulen Bar in der City. Dort war er mir aufgefallen. Mit seinem schmalen Gesicht, den schwarzbraunen, millimeterkurzen Haaren, die wie dichtes Biberfell glänzten, und dem passenden Bart dazu, ein ebenfalls kurzgeschorener Vollbart, sah er echt gut aus. Unspektakuläre Figur, nicht größer als ich, aber geile, braune Augen, die durch eine Brille mit schwarzem Metallrahmen strahlten. Dazu ein netter kleiner, funkelnder Ohrring mit Steinchen drin am linken Ohrläppchen. Irgendwie besonders, das Gesamtpaket, aber in der Bar hatte ich mich nicht getraut, ihn anzusprechen – was auch an den zwei Freunden gelegen hatte, mit denen er an der Wand stand, und die so gar nicht mein Typ waren. Aber jetzt …

»He, ich kenn dich«, brach ich das Schweigen. »Du warst neulich im *Inside*, stimmt's?«

Er runzelte die Stirn, versuchte, sich zu erinnern: »Sorry, ja, ich bin da öfter, aber … Haben wir miteinander gequatscht?«

Es war klar, dass er mich nicht wahrgenommen hatte. Warum auch, wir hatten bestenfalls kurzen Blickkontakt gehabt.

»Nein, du warst mit deinen Freunden beschäftigt«, ich lächelte gewinnend, streckte ihm die Hand hin. »Ich bin Niko.«

Mechanisch drückte er mir kurz die Hand, unsicher, beinah ängstlich, ließ rasch wieder los. »Dorian«, sagte er leise. Dorian. Süß!

»Äh, Dorian, sorry, aber wohnst du allein? Kann ich

vielleicht mal schnell deine Toilette benutzen?« Ich spielte den Hilfsbedürftigen. Es war einfach das Erste, was mir einfiel. Ich konnte förmlich sehen, wie ein Gedankensturm in dem hübschen Kopf losbrauste, aber er war gut genug erzogen, um mir die Tür zu öffnen und zu sagen: »Klar, bitte. Die zweite rechts.«

Ich nickte ihm zu und folgte seiner Wegweisung: »Danke.«

Es gab kein Gästeklo. Ich stand mitten in seinem Privatbad, hatte null Druck, sah mich stattdessen oberflächlich um, spürte, wie mein Puls schneller ging. Nichts Spektakuläres, alles Standard und relativ sauber. Es gab Hinweise auf eine zweite Person, eine zweite Zahnbürste und mehr Handtücher als nötig. Ein Partner? Ein Mitbewohner? Ein aufgeschlagenes Buch auf dem Badewannenrand machte mich neugierig. Irgendwas von Walter Benjamin. Philosophie, oje! Der war ein Intellektueller. Aber zwischen uns hatte es geknistert, da war ich mir sicher. Oder jedenfalls beinah sicher. Also drückte ich pro forma die Klospülung, wusch mir kurz die Hände und ging wieder raus. Von Dorian war nichts zu sehen.

»Hallo?«, rief ich in die stille Wohnung hinein. Keine Antwort. Ich ging den Flur entlang und um die Ecke, wo hinter einer halboffenen Tür der Kerl am Laptop zu sehen war, mit Kopfhörern auf. Der hatte ja echt die Ruhe weg! Ich stellte mich an die Tür und klopfte laut, worauf er mich angrinste und die Ohrhörer abnahm.

»Alles klar?«, fragte er. Das bedeutete wohl, ich sollte abhauen. Oder doch nicht? Irgendwas war da, das ich selbst nicht recht benennen konnte. Also drückte ich mich an der Tür herum und wollte ganz und gar nicht abhauen.

»Ist das deine Wohnung?«

»Ja, mit einem Kumpel zusammen«, erklärte er. Dabei sah er mir ganz offen in die Augen, aber schien trotzdem irritiert. »Aber der ist nicht da«, fügte er beinah gequält hinzu, als ob ihn diese Aussage viel Mut und Kraft kosten würde. Ich grinste ihn an. Das lief ja recht vielversprechend!

»Hast du einen Schluck Wasser oder so?« Ganz automatisch strich ich mir über Hals und Brust. Das war gar nicht inszeniert, ich hatte plötzlich echt eine staubtrockene Kehle. Ich sah, wie sein Blick meinen Handbewegungen folgte, wie er schluckte, nervös wurde.

»Klar«, sagte er mit belegter Stimme, stand auf und ging an mir vorbei in die Küche. Ich folgte ihm. Stellte mir seinen Hintern nackt vor, wie er da so vor mir ging. Merkte, wie ich geil wurde.

»Hab' leider nur Leitungswasser«, meinte er, und ich konnte seine Unsicherheit hören. »Prima«, antwortete ich.

Er holte ein Glas aus dem Schrank und füllte es am Wasserhahn. Als er es mir reichte, zitterte seine Hand ein wenig. Er sah mich mit so einem Schmelz im Blick an, dass ich nicht anders konnte: Ich nahm ihm das Glas aus der Hand, stellte es zur Seite und küsste ihn, umschlang ihn, drückte ihn an mich.

Keine Gegenwehr, aber es dauerte einen Moment, bis er meine Küsse erwiderte, bis sich sein Körper entspannte, sich an mich schmiegte. Meine Hände waren überall, und auch er blieb nicht untätig, wir knutschten eine ganze Weile rum, befummelten unter den Shirts unsere nackte Haut. Ich schaffte es sogar, meine Hände unter dem Hosengürtel hindurchzuschieben, seinen Arsch zu packen und ihm die Backen zu kneten. Der Kerl fühlte sich überall gut an, so wahnsinnig gut, Unsere steifen Schwänze rieben durch den Hosenstoff aneinander. Ich wollte seinen befreien, ihm den Gürtel öffnen, aber da hielt er mich zurück.

»Nicht hier. Wir gehen in mein Zimmer«, meinte er, fasste mich an der Hand, führte mich rüber, machte die Tür zu und fing an, sich auszuziehen. Ich konnte mein Glück gar nicht fassen, riss mir selbst die Klamotten vom Leib, ohne den Blick von dem Kerl abzuwenden, der sich vor meinen Augen nackt machte. Kein Sportler, aber alles appetitlich. Ein Streifen schwarzer Haare auf Brustbein und Bauch, aber sonst alles glatte, nackte Haut, nicht mal tätowiert. Dafür ein Piercing durch die linke Brustwarze, das ich vorhin schon bemerkt hatte. Die Beine waren im Verhältnis sehr kräftig und stark behaart, und sein überraschend großer Schwanz tropfte genauso vor Geilheit wie meiner. Mir lief das Wasser im Mund zusammen. Mann, war der lecker, der Kerl!

Sogar die Socken zog er aus. Ich tat es ihm nach. Zu guter Letzt setzte er seine Brille ab und legte sie sorgsam auf ein Tischchen an der Wand. Ich setzte mich auf die Bettkante. Sofort war er über mir, küsste mich, richtig geil mit Zunge, und kippte mich auf die Matratze. Erstaunlich heißblütig knutschte er mich ab – Gesicht, Hals, Arme,

Brust, Bauch –, setzte sich dabei auf meine Beine, bewegte sein Becken, sodass sich unsere Schwänze immer wieder berührten, küsste mich erneut, kam ziemlich in Fahrt. Es machte mich an, dass der schüchterne Typ im Bett so unverklemmt war. Ich bekam große Lust, ihn zu ficken. Also wälzte ich ihn herum, legte mich auf ihn und stieß meine Lenden gegen seine halbgeöffneten Beine, während wir immer noch knutschten. Unsere Geilriemen rieben zwischen unseren Bäuchen aneinander. Er stöhnte leise, wanderte mit dem Gesicht runter, schnüffelte hörbar an meinen Achselhöhlen, die kleine Drecksau. Mein Schwanz wurde so hart, ich hätte einen Stein ficken können.

Seiner war genauso hart. Er zog mich magisch an. Unbeschnitten und mit jeder Menge Vorsaftfluss. Ich tauchte ab und leckte daran, ließ mir das Teil mit großem Genuss schmecken, legte die Eichel frei und spielte mit der Zunge daran, bis Dorian vor Erregung keuchte. Dann nahm ich den ganzen Schwanz in den Mund. Er hatte eine leichte Abwärtskrümmung und rutschte mir trotz seiner Größe gut in die Kehle. Wie erlöst seufzte Dorian auf, als sein Prügel bis zum Anschlag in meinem Maul steckte. Ich ließ ihn, wo er war, schluckte ein paarmal, wippte mit dem Knüppel im Hals ein paar Zentimeter rauf und runter, nur, um jedes Mal das Gefühl zu genießen, ihn erneut ganz tief in mir zu spüren. Dann spuckte ich ihn aus, völlig außer Atem, aber hungrig nach mehr.

Wir sahen uns in die Augen. Sein Blick feuerte mich noch mehr an. Er guckte, als ob er eine Erscheinung hätte, völlig hingerissen. Ich ging ihm an die Eier. Unrasiert, ziemliche Wolle dran, aber dicke Dinger, richtig dick. Es war unmöglich, an allen beiden gleichzeitig zu saugen, doch ich nahm abwechselnd mal das rechte, dann das linke zwischen die Lippen, und dem Kerl schien das zu gefallen. Er brummte geil, schloss die Augen und wiegte den Kopf hin und her. Ich ging tiefer, schleckte über den Damm und drückte seine Beine hoch. Willig präsentierte er mir seine Rosette. Das rosige Loch zwischen den Härchen ließ sich wunderbar lecken und puckerte vielversprechend. Doch ich wanderte wieder hoch und schnappte mir erst noch mal die leckere Schwanzstange. Saugte daran und freute mich, dass der Kerl so geil mitging, sein Becken hochdrückte, mir entgegenkam, mir den Kolben fest in die Kehle drückte.

Bevor die Sache so intensiv wurde, dass Dorian am liebsten abgespritzt hätte, ließ ich von seinem Schwanz ab und schob mich über ihn. Küsste Bauch und Brust auf dem Weg nach oben. Knabberte sanft an den kleinen Nippeln, um am Ende seine weichen Lippen mit einem Kuss zu verschließen. Der Typ schmeckte unheimlich gut, schnaubte mir seinen heißen Atem in den Mund und brummte wohlig, während sein nackter Leib sich an mir rieb. Wir waren beide verschwitzt, unsere Körper aufgeheizt, die Sinnlichkeit der Berührungen erregte ihn genauso wie mich.

Ich legte mich seitlich neben ihn, sodass mein Schwanz genau vor seinem Gesicht wippte. Dorian zögerte keine Sekunde, sondern griff sich sofort meinen Ständer und wichste ihn, fest, aber nicht zu schnell, als würde er sich mit dem Schaltknüppel eines neuen Sportwagens vertraut machen. Den Blick auf das Spielzeug gerichtet, leckte er mit der Zunge über die Kuppe, um sie herum, wichste dabei weiter, nahm die freigelegte Eichel zwischen die Lippen. Dann lutschte er an der ganzen Zuckerstange, die ihm richtig zu schmecken schien. Er stieß kleine, aufgeregte Stöhnlaute aus, war völlig auf den Schwanz konzentriert und verschaffte mir mit Hand und Mund ein unglaublich geiles Wohlgefühl.

Ich erwiderte seine wunderbare Behandlung, indem ich meinerseits seine Saftlatte lutschte – ohne Hektik, einfach nur mit höchstem Genuss und unbändiger Freude über das leckere Teil. Dabei konnte ich es mir nicht verkneifen, ab und zu einen Blick auf den Kerl zu werfen, der da unten bei mir zugange war. Die Hingabe und offensichtliche Lust, die sich in seinem Gesicht spiegelten, erregten mich noch mehr als das Schlecken und Saugen als solches. Er war nicht besonders geübt oder ambitioniert. Aber ihn zu beobachten, wie er völlig glücklich und entzückt meinen Schwanz verwöhnte, das machte mich nicht nur an, sondern ebenfalls glücklich. Mein Vorsaft floss unaufhörlich. Dorian schleckte jeden Tropfen ab und saftete dabei selbst jede Menge des geilen Zeugs in meinen Mund.

Mit einer Hand fuhr ich zwischen seine Beine, in die Kerbe, an die Rosette. Mühelos konnte meine Fingerkuppe den Ringmuskel durchdringen. Ich spielte mit dem sensiblen Gewebe am Eingang ins Paradies. Wieder brummte der Kerl ganz tief und wohlig, drängte seinen

Arsch dichter an mich heran, wollte mehr von dem Finger, wollte mehr von mir. Er war so weit. Ich drehte mich um, legte mich auf ihn, wir küssten und streichelten uns, sahen einander in die Augen, verloren uns ineinander. Die Welt war weit weg. Mann, war der süß, der Typ! Mein harter Knüppel rieb zwischen seinen leicht gespreizten Beinen, schob sich in der Ritze rauf und runter, wollte rein. Blickkontakt.

»Sei bitte vorsichtig«, hörte ich ihn leise sagen

Ich nickte: »Klar.«

Meine Stimme war rau, belegt von einer Flut aus Gefühlen.

»Ich mein's ernst«, setzte er nach. »Ich hab mich noch nicht so oft ficken lassen.«

Ich studierte sein Gesicht, runzelte fragend die Stirn, da erklärte er schon: »Bis jetzt nur zweimal.«

»Okay«, sagte ich und versuchte, meine Gefühle und Gedanken zu ordnen. Einerseits war ich mega geil und wollte endlich ficken, andererseits manifestierte sich die Tatsache in meinem Hirn, dass der Kerl praktisch noch Jungfrau war. Was mich unerklärlicherweise noch geiler machte!

Voller Spannung verfolgte ich, wie Dorian eine Flasche Gleitgel aus einer Schublade angelte, sich etwas daraus in die Hand spritzte und meinen Schwanz und sein Loch ordentlich einschmierte. Er lag unter mir, mit leicht angehobenen, gespreizten Beinen, und verteilte den kühlen Glibber zwischen uns, dann legte er die Flasche weg. Mein Schwanz blieb bei der ganzen Aktion knüppelhart.

Die Vorfreude pochte in ihm. Genau wie in meinem ganzen Körper.

Außer Atem vor Aufregung und durch die ausgeführten Handgriffe, schlang Dorian seine Arme um mich, sah mich mit seinen großen, dunklen Augen an. Ich tauchte in sie hinein wie in eine Sternengalaxie. Gleichzeitig hob er sein Becken an, suchte Kontakt, und – oh ja! – meine Schwanzsonde fand auf Anhieb den Eingang, so glitschig, so geschmeidig, schon war die Spitze drin. Butterweich drückte sie den Lochmuskel auf, es kostete mich Beherrschung, nicht sofort weiter einzudringen. Der Gedanke an die Jungfräulichkeit des Lochs vibrierte bis in meine Schwanzkuppe, erhitzte sie, verlangte ihr das Äußerste ab: Geduld zu üben. Mit langsamen, sanften Stoßbewegungen bahnte sie sich ihren Weg in die Tiefe. Sie glitt in das weiche Gewebe. Im Gleichklang mit Atem und Willfährigkeit des Kerls, der unter mir lag und jeden weiteren Millimeter seines Innersten mit einem neuen Seufzer freigab. Es gab nur noch mich und ihn, unsere Vereinigung. Immer näher, immer enger, immer tiefer – Stück für Stück.

Es war genial, ihn bei alledem zu beobachten, zu sehen, wie die Lust immer wieder die Oberhand gewann und auch der nächste Schmerz und der nächste kleine Ruck überwunden wurden. Die wechselnden Ausdrücke in seinem Gesicht bannten mich. Ich war total geflasht davon. Selbst die kleinste Bewegung meines Geilriemens löste eine Reaktion bei ihm aus. Ich hatte ihn völlig unter Kontrolle. Und das reizte mich, machte mich scharf. Ich war in einer Art Macho-Nirwana, obwohl wir noch gar nicht richtig fickten.

Schließlich kamen wir an einen Punkt, an dem es nicht weitergehen wollte. Jedenfalls nicht mit sanften, reibenden Stößen. Trotzdem war klar, dass keiner von uns beiden aufhören wollte. Also knallte ich ihn rein. Nicht bis zum Anschlag, aber über den Muskel. Dorian klammerte sich fester an mich, stöhnte auf, während er sich gleichzeitig selbst weiter auf meinen Schwanzpflock drückte. Nach dem Widerstand ging es wieder besser. Trotzdem keuchte und ächzte der Kerl ziemlich heftig. Klar, der Schwanz drückte ganz schön.

Keine Ahnung, ob er vielleicht gewollt hätte, dass ich aufhöre, aber für mich gab's jetzt kein Zurück mehr. Ein tiefer Schwung aus dem Becken trieb meinen Kolben über die letzte Welle. Dorian jaulte auf. Er zitterte und keuchte, hämmerte mit den Fäusten auf meinen Rücken, versuchte zu strampeln, loszukommen, doch ich hielt ihn fest, streichelte ihn, flüsterte ihm beruhigende Worte ins Ohr. Und ich war drin. Schon bald verebbte seine Abwehr. Ich konnte spüren, wie sein Arschkanal aufgab, sich entspannte, und mit ihm der ganze Kerl. Er lag erschlafft in meinen Armen, atmete jetzt ganz langsam, begann sogar zu stöhnen, bewegte seinen Hintern, kam mir entgegen. Wir hatten es geschafft!

Ich löste mich von ihm, zog den Schwanz raus, aber nur, um ihn nochmal mit Gel einzuschmieren. Dann kniete ich mich in seine Beinschere, fasste mit beiden Händen seine Fesseln und drückte sie nach hinten, sodass sich das

Becken hob und ich das Ziel genau vor der Flinte hatte. Dorian ließ mich gewähren. Ich stach ihn an, tauchte mehrmals mit der Kuppe ein und aus, konnte in seinen Augen sehen, wie sein Verlangen wuchs und zum Flehen wurde. Mit jedem Stoß drang ich weiter ein, mühelos. Nichts als geschmeidiges, warmes, weiches Fickfleisch, noch ein kurzes Aufbäumen bei den letzten Zentimetern, dann konnte ich ohne weiteres Zögern loslegen. Trotzdem blieb ich gefühlvoll, machte langsam. Mein Schwanz schien ein eigenständiges Wesen geworden zu sein, viel beherrschter als ich selbst, dem die Geilheit das Hirn immer mehr elektrisierte. Die Reibung bei den gleichmäßigen Stößen tat meinem Schwanz derart gut, dass er weitermachen wollte, immer weiter, rein, rein, rein. Jeder Gedanke an Steigerung und schnellen Höhepunkt wurde ausgebremst, zu gut fühlte es sich in den Tiefen des Kerls an. Ich überließ meinem Schwanz die Steuerung, genoss die wohldosierten Lustwellen, die er durch meinen Leib schickte. Rein, rein, rein. Musste den Blick von Dorians Gesicht abwenden, die Augen schließen, das Gehirn ausschalten, wünschte mir, dass es nie aufhören würde, dieses geniale Glücksgefühl, dieser Gleichklang mit dem Körper des anderen, diese totale Vereinigung. Wie aus weiter Ferne hörte ich ihn stöhnen, mich stöhnen. Seine Erregung schraubte sich ebenso stetig nach oben wie meine. An seinen Bewegungen merkte ich, dass er am Wichsen war. Ich fickte einfach weiter. Rein und raus. So weich, so nass, so heiß. Beinah unspektakulär überwältigte mich der Orgasmus. Mitten im gleichmäßigen

Stoßbetrieb bäumte sich mein Schwanz auf und schoss seine Ladung in den schmeichelnden Muskelschlauch. Es war die perfekte Entladung, die Krönung dieses außergewöhnlich harmonischen Ficks. Völlig im Fluss, ohne Verkrampfung und gewaltsamen Aufschrei, ich ergoss einfach mein Sperma ins Innere meines Partners, es war wie Osmose.

Als ich die Augen öffnete, sah ich, wie er seine Latte wichste, schneller und schneller, und kurz darauf in hohem Bogen abspritzte. Sein geiler Saft spritzte auf seine Brust, seinen Bauch, die ganze Hand war voll davon, die Luft füllte sich mit dem Geruch der geilen Soße. Glücklich ließ ich mich auf ihn fallen, blieb auf ihm liegen, badete in seinem Schweiß, in seinem Samen. Mein Schwanz rutschte aus dem überquellenden Loch, und wir küssten uns, sanft, zärtlich, wie Liebende.

Er strich über meine Haare, sah mir schweigend in die Augen. Mit einem Lächeln. Ich erwiderte seinen Blick, dachte an nichts anderes, wollte ihn nur in den Armen halten und für immer so auf ihm liegen bleiben.

# Total verknallt

Schon drei Tage sind vergangen, und noch immer hatte Niko keine Zeit, sich mit mir zu treffen. So ein Arsch! Für den war ich nur eine weitere Kerbe an seinem Lenkrad, damit musste ich mich langsam abfinden. Das meinte auch Moritz, mein Mitbewohner. Aber der hatte ja keine Ahnung, er war schließlich nicht dabei gewesen. Als ich mit Niko geschlafen hab', das war wie Magie. Ich war mir hundertprozentig sicher, dass Niko das auch so empfunden hatte.

Mir schlug das Herz bis zum Hals, als er vor meiner Tür auftauchte. Natürlich erkannte ich ihn sofort, ich hatte ihn schon ein paarmal im *Inside* gesehen. Er war einer von der Sorte, die viel zu gut aussahen und für mich viel zu extrovertiert waren, ständig umringt von einer Fan-Crowd. Bei dem standen die Typen bestimmt Schlange. Nie hätte ich geglaubt, so einer würde sich für mich interessieren. Der war viel zu oberflächlich, um sich mit einem Langweiler wie mir abzugeben. Aber nun stand er da. Aus der Nähe sah er noch viel besser aus, mit seinem rasierten Schädel und dem dicken Schopf in der Mitte, so männlich, beinah kriegerisch, trotz oder gerade wegen der blonden Strähne. Und sein Lächeln, seine Augen waren umwerfend.

Es überraschte mich, dass er sich an mich erinnerte, und als er reinkommen wollte, dachte ich nur: *Toll, dann sind wir jetzt Bekannte und quatschen beim nächsten Mal im* Inside, *trinken was zusammen, lernen uns vielleicht kennen.*

Als er dann so ranging, war ich komplett überwältigt. Er war sehr selbstbewusst, direkt, schnappte mich einfach in der Küche und küsste mich. Ein richtiger Mann! Als er schließlich nackt auf meinem Bett saß, konnte ich mein Glück gar nicht fassen. Sein Anblick war wie der wahrgewordene feuchte Traum jedes Schwulen. Er hatte einen Körper, an dem einfach alles perfekt war, und den tollsten Schwanz noch dazu. Ein dickes, langes, absolut makelloses Teil mit dunkelroter Eichel und geilen Eiern in perfekt dazu passender Größe im Sack. Der Sex mit Niko fühlte sich unheimlich gut an, so was hatte ich noch nie zuvor erlebt. Ich bekannte ihm, dass ich bisher nicht oft gefickt worden war, log sogar – irgendwie intuitiv, keine Ahnung, warum – und behauptete, es wären zwei Ficks gewesen, dabei war es in Wahrheit nur einer. Oder sagen wir anderthalb. Das zweite Mal hatte nicht gut geklappt, und wir hatten abgebrochen. Aber mit Niko, das war der Wahnsinn.

Als er in mich eindrang, spürte ich nichts als Erfüllung, jedenfalls anfangs. Und dann, als er tiefer ging, staunte ich über mich selbst, denn der Druck, den der dicke Schwanz in mir ausübte, erregte mich, machte mich total scharf. Ich fühlte seinen Schwanz mit jeder Faser in meinem Arsch, merkte, wie er tiefer rutschte, mich aufbohrte, von mir Besitz ergriff, alles andere ausschaltete. Mein Wunsch, ihn ganz drin zu haben, war so stark, dass mir alles egal war. Irgendwann klemmte es trotzdem, aber der Kerl kannte kein Pardon. Der jubelte mir seinen Prügel mit einem heftigen Stoß bis zum Anschlag in die Muffe. Ich meinte förmlich zu hören, wie es einen Knacks gab, doch dann war er in mir drin. Es brannte und schmerzte. Aber gleichzeitig war der Gedanke, dass dieser große Schwanz in meinem Arsch steckte, mega geil. Ich fasste nach hinten, konnte ertasten, dass seine Eier an meinen Backen andockten, er war wirklich richtig drin. Meine Rosette wurde von dem dicken Ding irre weit aufgespreizt, meine Finger konnten die Schwanzwurzel kaum umfassen, so sehr ich es auch versuchte, so dick war der Fickbolzen. Von da an war es, als ob ein Bann gebrochen wäre. Es fühlte sich an, als wäre mein Arsch betäubt, aufgerissen. Ich spürte, wie der Kerl seinen Hengstschwanz rauszog, um ihn gleich darauf noch mal in voller Länge in mein Loch zu jagen, und wieder, und wieder. Es ging!

Ungläubig lag ich da und ließ mich ficken, war froh und stolz und geil zugleich, merkte, wie mein Gedärm zu glühen anfing, aber ohne zu schmerzen, einfach nur den nächsten Stoß ersehnend. Und den nächsten … Es war so schön, ich hätte beinah geweint. Wir kamen gleichzeitig. Als er sein Sperma in mich reinspritzte, fühlte es sich an wie ein Geschenk. Zum ersten Mal konnte ich mir vorstellen, wie es sein musste, ein Kind zu empfangen. Ich war total verknallt, hätte alles für den Typen getan.

Beim Abschied war er unheimlich zärtlich, wollte gar

nicht gehen, klingelte sogar noch mal, nachdem er bereits draußen gewesen war, nur um mir einen allerletzten Abschiedskuss zu geben, wie er erklärte. Aber dann … nur noch blöde Kurznachrichten. Nicht mal ans Handy ging er, wenn ich anrief. Er hätte keine Zeit, müsse dies und das machen. Scheiße! Das waren doch nur faule Ausreden. Er hatte mich gehabt und das war's dann wohl.

»Lass ihn endlich in Ruhe«, riet mir Moritz. »Entweder er meldet sich oder eben nicht. Du hast oft genug signalisiert, dass du ihn wiedersehen willst.«

Natürlich hatte er recht. Das Letzte, was ich wollte, war, die Kontrolle zu verlieren und zum Stalker zu werden. Doch es fiel mir verdammt schwer, mich zurückzuhalten, denn ich musste ständig an ihn denken. An seine Küsse. An seine Augen. An seinen Schwanz in meinem Arsch …

Es begann mich zu ärgern, dass mir beim Wichsen ständig sein Bild in den Kopf kam, aber ich konnte es nicht verhindern. Ich sah ihn immer wieder vor mir, wie er auf meinem Bett gelegen hatte – die Bettwäsche roch noch nach ihm –, wie er meinen Schwanz gelutscht hatte, wie er auf mir drauf, in mir drin gewesen war. Schließlich hatte ich irgendwann gar keine Lust mehr auf Wichsen. War generell lustlos, hatte zu nichts Bock. Erst recht nicht auf einen Besuch im *Inside*, wo Moritz Freitagabend hingehen wollte. Auf keinen Fall wollte ich dort Niko begegnen. »Und ich will auch nicht wissen, wenn er dort ist. Also kein Wort darüber«, instruierte ich Moritz, bevor er loszog. Allein in der Wohnung versuchte ich mich abzulenken. Aber meine Gedanken waren im *Inside*. Schon um zehn legte ich mich ins Bett, zog mir die Decke über den Kopf, irgendwann schlief ich ein.

Mitten in der Nacht wachte ich auf, weil im Flur Lärm war. Ich hörte Moritz gackern, er war offenbar besoffen. Aber da war noch eine andere Stimme, ein anderes Lachen. Ich fuhr hoch: Das war Nikos Stimme. Das war Niko. Ich hörte noch mal ganz genau hin, aber ja, das war er. Meine Gedanken spielten verrückt, ich rechnete damit, dass er jeden Moment in mein Zimmer kommen, mir eine Szene machen würde wegen meiner hundert Nachrichten. Oder sich auf mich werfen und mich küssen. Oder …

Der Lärm im Flur verebbte. Stattdessen hörte ich undeutliche Laute und Geräusche. Es klang, als ob die Kerle knutschten, keuchten, sich die Klamotten auszogen. Moritz und Niko? Mir stockte der Atem. Moritz war sonst nicht unbedingt ein Aufreißer, oder einer, der sich aufreißen ließ. Er sah nicht besonders gut aus, hatte noch weniger Selbstbewusstsein als ich. Und er war immer grauenhaft langweilig angezogen, egal wie sehr ich durch Tipps oder Ermutigungen versuchte, ihm etwas mehr Pep zu verleihen. Und jetzt Niko? Mir wurde heiß und kalt. Ich wäre am liebsten rausgerannt, um die beiden umzubringen, wusste nicht, wen von beiden ich mehr hasste. Dann klappte Moritz' Zimmertür auf und zu. Danach konnte ich nichts mehr hören. Stattdessen malte ich mir in grellen Bildern aus, was da drüben gerade vor sich ging, interpretierte jeden Laut, der von irgendwoher an mein Ohr drang, brauchte alle Kraft, um die Bilder in meinem Kopf zu verdrängen, kämpfte mit allen möglichen Gefühlen, setzte mehrmals an, einfach in Moritz' Zimmer zu stürmen. Irgendwie schaffte ich es, mich zu beherrschen. Ich ging nicht mal aufs Klo. Stattdessen pinkelte ich in eine leere Flasche. Ich wollte auf keinen Fall einem der beiden begegnen.

Irgendwie ging die Nacht rum. Es war die schlimmste meines Lebens. Am Ende schlief ich doch ein. Als ich aufwachte, war es hell draußen. Ein Blick auf die Uhr verriet mir, dass es halb neun war, meine übliche Aufstehzeit unter der Woche. Langsam kehrte die Erinnerung an die zurückliegende Nacht wieder. Ich lauschte nach draußen, aber es war nichts zu hören. Mein Hass war eiskalter Abscheu gewichen. Niko widerte mich an, dieser gefühlskalte, arrogante Psychopath. Der war doch krank. Wie konnte man so mit Menschen umgehen? Und Moritz – das stand noch auf einem anderen Blatt. Mit dem würde ich mal ein Wörtchen reden müssen. Schöner Freund.

Es gab keinen Grund, mich in meiner eigenen Wohnung zu verstecken. Ich konnte in die Küche gehen, wann ich wollte. Jetzt wollte ich, wollte einen Kaffee. Ich zog meine Jeans über – nur, um nicht am Ende in Unterhosen vor den Idioten zu stehen –, dann fasste ich mir ein Herz und verließ mein Zimmer. Tatsächlich war schon jemand wach. Ich hörte Geschirr klimpern. Mein Puls ging schneller, als mir lieb war. Ohne drüber nachzudenken, ging ich weiter. In die Küche. Und erstarrte. Der Typ, der am Tisch saß, war nicht Niko. Auch nicht Moritz. Es war ein unbekannter, blonder Kerl, der mich aus stumpfen Augen anglotzte. Da kam hinter mir Moritz dazu, klopfte mir auf die Schultern und meinte: »Morgen, Sweetheart. Das ist Jörg.«

# Drei Männer, eine Nacht

Als ich meine Tour beendete, war auch Tarik wieder in der Halle. Ich parkte direkt neben ihm, stieg aus und begrüßte ihn. Er war damit beschäftigt, den Laderaum sauberzumachen, weil ihm ein Karton mit Weinflaschen zu Bruch gegangen war. Natürlich waren andere Pakete in Mitleidenschaft gezogen worden, da würde noch einiges an Papierkram auf ihn zukommen. Dementsprechend hatte Tarik nicht die beste Laune. Ich hatte nichts weiter vor, darum bot ich an, ihm zu helfen. Er nahm mein Angebot dankbar an. So ordneten und wischten wir zusammen den engen Laderaum. Immer wieder hatten wir dabei unbeabsichtigten Körperkontakt, stießen mal hinten, mal vorne aneinander. Irgendwann wurde es zum Running Gag, dass wir uns gegenseitig anrempelten und scherzhaft anpöbelten. Die Nähe zu dem leckeren Kerl machte mir Spaß, und dass seine Laune sich merklich besserte, freute mich. Der säuerliche Dunst des ausgelaufenen Weins mischte sich mit Tariks würzigem Schweißgeruch. Nach einem langen Arbeitstag roch der Typ umwerfend gut. Ich hatte das Gefühl, die schräge

Mischung aus Weindunst und Männerschweiß machte mich regelrecht betrunken. Jedenfalls war ich bester Stimmung, auch weil unsere Zusammenarbeit so gut klappte, trotz der Slapstick-Nummern zwischendrin. Tarik täuschte mit drei Paketen im Arm ein Straucheln vor – »Hoppla!« – schmiss die Pakete hin und ließ sich gegen mich fallen. Ich war nicht darauf vorbereitet, verschaffte mir eigentlich gerade einen Überblick, was es noch zu tun gab, als er mich so richtig mit Körperdruck an die Wand kippte. Er lachte mich an. Seine Augen glitzerten im Halbdunkel des Laderaums. »Sorry!«, meinte er, blieb aber eine Sekunde zu lang an mir kleben. Oder bildete ich mir das nur ein?

»Hoppla!« Da war er schon wieder, hatte ein Stolpern imitiert, landete in meinen Armen, sodass ich ihn auffangen musste. Und bevor er sich wieder von mir löste, streichelte er für einen kurzen Moment – Scheiße! – mit dem Daumen meine Armbeuge. Meine Gedanken schlugen Purzelbäume. Geil war ich eigentlich nicht. Der Sex mit dem kleinen Dorian am Mittag hatte mich echt befriedigt. Aber diese Gelegenheit konnte ich mir doch nicht entgehen lassen, oder? Also leitete ich ein ziemlich offensichtliches Manöver ein, rutschte vermeintlich aus – der Boden war vom Putzen noch nass –, stieß einen übertriebenen Schreckensruf aus und suchte Halt an Tarik, wobei diesmal ich ihn an die Wand drückte. Und mich an ihn. Er lachte wieder, hörte aber auf, als er mich ansah. Denn ich lachte nicht. Sein Blick war fragend, die markanten Brauen zusammengezogen, er merkte, dass etwas anders war, und ich presste mich noch enger an ihn, hätte ihn gerne geküsst. Sanft stieß er mich von sich weg. »Lass das«, meinte er leise, mit rauer Stimme.

»Sorry«, murmelte ich. »War nur ein Spaß.«

»Mit so was macht man keine Späße«, erwiderte er ernst. Ich sah ihn an, gespannt, was jetzt kommen mochte. »Zwei Männer, das ist … Das ist was Wunderbares. Das kann man nicht zwischen kaputten Weinflaschen machen.«

Seine Worte überraschten und berührten mich. Sie machten mich verlegen.

»Ich dachte, du wolltest es«, lautete meine lahme Antwort.

Da grinste Tarik wieder, seine weißen Zähne blitzten. »Na, so einfach zu haben bin ich bestimmt nicht. Ich bin doch keine Schlampe!«

Beim letzten Satz bewarf er mich mit einem leeren Karton und lachte. Ich lachte mit. Das klang doch eigentlich ganz vielversprechend.

Wir ließen weitere Anmachversuche bleiben und hatten kurz danach alles Nötige getan, damit es am nächsten Morgen reibungslos weitergehen konnte. Ich wagte einen letzten Vorstoß, als wir uns verabschiedeten, und fragte, ob wir noch was trinken gehen sollten, aber Tarik lehnte freundlich ab.

»Vielleicht ein andermal«, meinte er. Auch das klang vielversprechend. Immerhin war es ein Fortschritt. Glücklich machte ich mich auf den Heimweg. Meine Gedanken waren bei Tarik, diesem geilen, sexy Lockenkopf. Eine SMS kam an. Von Dorian. Erst jetzt sah ich, dass er bereits zwei weitere Nachrichten geschrieben hatte. Wie toll es mit uns gewesen wäre. Dass er an mich dachte. Wann wir uns wiedersehen würden.

Wie aus einem anderen Leben wallte plötzlich das warme Glücksgefühl in mir hoch, das ich empfunden hatte, als wir zusammen gewesen waren. Wie eine ferne Erinnerung. Dabei war es doch erst ein paar Stunden her, dass ich ihn verlassen hatte. Dann war es wieder weg. Was war los mit mir? War ich so ein eiskaltes Arschloch? Ging es mir nur um Sex?

»Ja, war geil! Vielleicht die Tage, hab' ziemlich Stress«, tippte ich, ohne lang nachzudenken. Das verschaffte mir erst mal Zeit. Und Freiheit. Ich wollte heute nicht mehr darüber nachdenken, wie ein zweites Treffen mit Dorian laufen würde, oder wo es hinführte. Mir ging jemand anders durch den Kopf: Tarik.

Ich hatte mich darauf gefreut, ihn am nächsten Morgen wiederzusehen, aber er war mit Kostic im Büro beschäftigt, wahrscheinlich wegen der Schadensberichte. Also fuhr ich los, ohne ein Wort mit ihm gewechselt zu haben.

Weil ich hoffte, dass es sich am Schichtende ergeben würde, dass Tarik und ich aufeinandertrafen, zögerte ich zunächst, als ich am Nachmittag bei der Auslieferung eines Pakets ein eindeutiges Angebot bekam. Dachgeschoss, kein Aufzug.

»Komm doch noch mal vorbei, wenn du Dienstschluss hast«, meinte der gutaussehende Typ, nachdem wir ein paar scherzhafte Anmachsprüche gewechselt hatten. Es hatte mit einem unverhohlen begeisterten »Oh!« bei meinem Anblick begonnen und gipfelte in lüsternen Blicken, die wirkten, als ob er mich auffressen wollte. Der Typ ging wohl immer gleich auf Angriff. Ich fand ihn recht schnucklig. So Mitte zwanzig, in Jogginghosen und T-Shirt, einen Tick kleiner als ich, aber kräftig, mit kantigem Schädel, kurzen, hellbraunen Haaren und einem Leberfleck seitlich neben seinem sinnlichen Mund. Er deutete mit dem Kopf in die Wohnung und öffnete die Tür zum Wohnzimmer, wo ein anderer Kerl am Tisch saß, der in ein Tablet vertieft war. Auch der wirkte nicht schlecht, auch wenn ich nicht viel erkennen konnte. Ein verstrubbelter Blondschopf mit goldenem Bartflaum an Wangen und Kinn. Er sah kurz auf und grinste mir zu. Tolle Augen, interessante Fresse, irgendwie aristokratisch mit einer markanten, langen Nase.

»Greg und ich freuen uns immer, wenn wir Gesellschaft haben«, ließ mich der Türöffner wissen. Ich konnte mir in etwa vorstellen, was er damit meinte, musste spontan lachen. Mit einer derartigen Dreistigkeit war ich noch nie zu einem Dreier eingeladen worden. Aber ich lehnte freundlich ab.

»Danke, aber ich hab' schon was vor.«

»Kann ich mir denken«, meinte der Typ anzüglich und grinste. Aber er gab so leicht nicht auf. »Vielleicht überlegst du's dir ja noch. Du weißt ja jetzt, wo wir sind.«

Damit schloss er die Tür. Das Angebot war verlockend. Doch es war Samstag, und ich hoffte, den Abend, vielleicht sogar die Nacht, mit Tarik verbringen zu können. Leider vergeblich. Als ich die Schicht beendete und in die

Halle einfuhr, war Tariks Karre nirgends zu sehen. Wahrscheinlich war er morgens spät gestartet und mit der Auslieferung im Verzug. Ich trödelte extralange herum, putzte sogar hier und da den Wagen, aber nach über einer Stunde beschloss ich, erst mal heimzufahren. Bisher hatte ich noch nicht mal Tariks Handynummer, also keine Chance, ein Date auszumachen.

Mein Mitbewohner Norbert war ausgeflogen, wie üblich hatte er jede Menge Spuren in Küche und Bad hinterlassen. Seufzend räumte ich ein bisschen auf, weniger aus Ordnungszwang denn aus Langeweile. Probierte, einen Film anzusehen. Aß mit Unlust ein paar Bissen vom Auflauf, dessen Reste Norbert im Ofen gelassen hatte. Besuchte Online-Portale. Dachte kurz an Dorian (der sich schon wieder gemeldet hatte), aber nur kurz. Nahm eine Dusche.

Nichts war zufriedenstellend, ich war viel zu unruhig. Auf Kneipe hatte ich aber auch keine Lust. Mehr und mehr gefiel mir der Gedanke, vielleicht doch die beiden Kerle von vorhin zu besuchen. Ich konnte mit dem Fahrrad hinfahren. Eine gemütliche Radtour, die mir guttun würde nach der stressigen Woche. Und wenn ungelegen kam, konnte ich ja einfach wieder gehen. Also los! Sobald ich den Entschluss gefasst hatte, besserte sich meine Laune.

Als ich so gegen neun an der Tür klingelte, war ich voller Spannung und Vorfreude auf das Wiedersehen mit den zwei Jungs. Die beiden waren tatsächlich begeistert über mein überraschendes Auftauchen. Sie spielten gerade ein Spiel auf der Game Station, doch Live Action war ihnen lieber. Das meinte jedenfalls Steffen, so hieß der Typ, dem ich morgens das Päckchen übergeben hatte. Er öffnete auch jetzt die Tür. Kaum war ich in der Wohnung, drängte er sich auch schon an mich, strich mir über Kopf und Wangen und küsste mich sanft. Ich äugte nach dem anderen, Greg, der uns vom Sofa aus mit einem amüsierten Grinsen beobachtete, eine Hand zwischen seinen Beinen, die die Beule in seiner Jogginghose massierte. Also erwiderte ich Steffens Küsse, zuerst zaghaft, dann hungriger, nasser, bis wir richtig knutschten. Unsere Hände erkundeten den Körper des jeweils anderen. Alles an dem Kerl fühlte sich gut an. Mein Schwanz meldete sich merklich. Ohne langes Zögern rutschte Steffen an mir runter und vergrub sein hübsches Gesicht in meinem Schritt. Ich hatte mich ebenfalls in Freizeit-Look geschmissen, trug jetzt, wie die beiden, Jogginghosen. Wie immer ohne was drunter. Darum zeichnete sich mein Schwanz sehr deutlich unter dem dünnen Stoff ab. Das helle Grau zeigte bereits dunkle Stellen – Leckspuren von Steffen, der mit seiner nassen Zunge die Konturen meines Schwengels nachzog. Und Flecken vom Vorsaft, der mir reichlich aus dem Pissschlitz floss und durch das Gewebe suppte.

Endlich befreite Steffen meinen Schwanz, nahm ihn sofort in den Mund. Er machte das gut. Ich durfte mich wohl auf eine geile Nacht freuen. Und da kam auch schon Greg zu uns, in aller Ruhe, mit einem breiten Grinsen in der blonden Bartfresse, mit einer Hand die Latte in seiner

Hose reibend. Sie zeichnete sich deutlich am Oberschenkel ab und war ziemlich groß. Während sein Freund mir einen blies, kam Greg näher und küsste mich. Er war so bisschen mackerhaft, nahm meinen Kopf in seine Hände und schleckte mir mit der Zunge übers Gesicht, lachte geil, schob meinen Mund auf und spuckte rein, bevor er mich heftig abknutschte.

Das machte mich mächtig an. Von mir aus hätte es gerne so weitergehen können, aber plötzlich ging Greg runter und kniete sich neben Steffen. Nun verwöhnten sie gemeinsam meinen Schwanz. Es war echt geil, den beiden Kerlen dabei zuzusehen, wie sie von zwei Seiten den Schaft zwischen ihre Münder nahmen und synchron an ihm auf und ab glitten. Wie sie gleichzeitig meine Eichel und miteinander knutschten. Wie sie abwechselnd die ganze Rübe ins Maul nahmen, richtig tief rein, und dann meine Eier leckten. Mann, ich konnte nicht sagen, wer besser lutschte, Steffen oder Greg.

Nach einer Weile kam Greg hoch. Sein Blick forderte mich auf, nun meinerseits auf die Knie zu gehen. Jedenfalls kam es mir so vor. Vielleicht wollte ich es auch nur selbst. Egal. Steffen hatte den Schwanz seines Freundes bereits rausgeholt und leckte daran. Ich bestaunte das Prachtstück, ein dickes XL-Teil mit geilen Adern am Schaft und einem fetten hellrosa Eichelpilz. Der beschnittene Prügel war hart wie Beton, eine echte Herausforderung. Ich lachte begeistert, umfasste das Teil mit einer Hand, sah abwechselnd nach oben zu Greg und zu Steffen, der neben mir hockte. Er strahlte ebenfalls. Dann nahm er Anlauf, und schwups, war der dicke Hammerschwanz in seinem Mund verschwunden. Er gurgelte und kämpfte, ließ aber nicht ab. Greg lachte dreckig, wippte mit dem Becken vor und zurück. Steffen blieb zunächst dran, obwohl sein Gesicht rot anlief und die Augen tränten. Bis er ihn schließlich doch ausspuckte, den harten Prügel, keuchend nach Luft schnappte und dennoch schaffte, dabei zu lachen. Die waren ja echt verrückt die Beiden. Verrückt und nett. Und geil.

Jetzt wollte auch ich mein Glück versuchen. Ich leckte an der prallen Eichel, saugte daran, schob meine Lippen drüber, vorwärts zum Schaft, spielte mit der Zunge an der glatten Haut. Greg brummte zufrieden, während Steffen sich zu meinem Ständer runterbeugte, um ihn mit seinem warmen, weichen Lutschmaul zu verwöhnen. Gregs Schwanz wurde etwas geschmeidiger. Er war immer noch erigiert, aber nicht mehr so betonhart wie zuvor. Das machte es mir einfacher, mehr von dem enormen Schwengel zu schlucken. Er glitt gut in die Kehle, dennoch schaffte ich die letzten Zentimeter nicht, musste noch mal Luft holen und die Latte wichsen. Meine Hand rutschte prima an dem Teil auf und ab. Es war bestens geschmiert von meinem und Steffens Speichel. Zur Sicherheit spuckte ich zusätzlich ein paarmal drauf. Greg quittierte die Schmierung mit erneutem, wohligem Brummen. Währenddessen ließ Steffen nicht einen Moment ab von meinem Schwanz. Er lutschte und saugte im gemäßigten Wohlfühlmodus. Keine Eile. Super. Erneut knöpfte ich mir Gregs beschnittenen Hengstprügel vor. Diesmal half mir Greg beim letzten Stück, drückte meinen Kopf nieder auf den Bolzen, lenkte ihn, und endlich … Das dicke Ding rutschte komplett rein in meine Kehle. Ich schnaubte in die blonden Schamhaare, kämpfte gegen den Würgereiz an. Noch eine Sekunde. Und noch eine. Dann aber musste ich loslassen. Ich bekam echt keine Luft mehr. Doch ich war happy, dass ich dieses Riesenteil geschafft hatte, wehrte mich auch nicht, als Greg meinen Kopf wieder zurückdirigierte. Ich schleckte an der Eichel, strich mit der Zunge am Schaft entlang, dann kam Steffen dazu. Es war geil, ihm in die Augen zu sehen, während wir beide an dem dicken Schwanz zugange waren. Unsere Zungenspitzen trafen sich an der Unterseite des fetten Eichelpilzes, spielten gleichzeitig miteinander und mit dem sensiblen Vorhautbändchen. Ein genialer Sinneskreis. Verderbt und gleichzeitig glückselig machend. Ich war geflasht, hätte zu gern ein Pic davon gehabt. Als hätten unsere Synapsen sich kurzgeschlossen, griff Greg zu seinem Handy und richtete es nach unten auf Steffen und mich. Geil, er machte Fotos. Oder ein Video. Ich hatte nichts dagegen.

Bald nutzten wir auch das Sofa für unsere Blowjobs. In allen Varianten. Und jede war geil. Drei Männern beim Blasen, da ist die Choreographie nicht immer einfach, aber diese Beiden waren echt unkompliziert. Darum lachten wir viel. Wir hatten alle viel Spaß.

Nach einer Getränkepause führten die Zwei mich in ihr Schlafzimmer. Es sah so makellos und stylisch cool aus, dass ich Bedenken bekam. Ob man hier Sauereien veranstalten durfte? Die Antwort ließ nicht lange auf sich warten. Greg und Steffen waren echt geile Säue. Sie nahmen keinerlei Rücksicht auf Bettwäsche oder Mobiliar. Wir fickten uns gegenseitig – einmal hatte ich sogar die zwei Schwänze beider Kerle gleichzeitig in mir drin! – und spritzten mehrmals ab. Erst spät in der Nacht hatten wir genug. Mittlerweile sah das Schlafzimmer aus, als hätten Rockstars dort eine wilde Orgie gefeiert.

»Das war geil!«, meinte Steffen, als er mich an der Wohnungstür verabschiedete. »Meld dich mal wieder.«

Ich nickte und zwinkerte ihm zu: »Alles klar. Mach's gut.«

Schon während ich die Treppe runterging, wusste ich, dass ich mich nicht melden würde. Es war perfekt gewesen. Ich ahnte, dass eine Wiederholung kaum wieder so geil werden konnte. *Aber wissen kann man es nie, wenn man es nicht probiert*, hörte ich eine innere Stimme in mir flüstern. Ich musste über mich selbst grinsen. Das stimmte. Außerdem lagen Prinzipien mir nicht. Ich wollte lieber flexibel bleiben.

# Der Hengst im Anzug

Wie kam das nur, dass mir der Kerl nicht aus dem Kopf ging? Das würde doch nie was werden mit dem, der war doch viel zu … schwul. Er musste doch merken, dass ich kein Szene-Typ war. Warum auch? Ich wollte den Richtigen finden, nicht mit anderen Schwulen abhängen, die alle nur das eine im Kopf hatten. Aber ob dieser Kerl bereit war für Monogamie? Für so was wie Familienleben? Scheiße, keine Ahnung. Und doch musste ich unentwegt an ihn denken … An seine Küsse. An seine Augen. An seinen Schwanz in meinem Arsch …

Und dann war da noch Niko, der neue Kollege. Der benahm sich irgendwie schräg in den letzten Tagen. Machte mich richtig an, ging mir an die Wäsche. Das war echt zu viel. Der war auch genau einer von der Sorte, die ich nicht brauchen konnte. Der ging in Schwulenbars ein und aus, da war ich mir sicher. Hatte wahrscheinlich jeden Abend Sex mit 'nem anderen Typen. Nein, danke.

Zugegeben, er sah nicht schlecht aus. Kein bisschen tuntig. Als er einmal ganz nah an mich rankam, stehenblieb und mich so ansah, das war nicht ohne. Mir gefielen seine Ohren. Die standen ein bisschen ab, das fand ich geil. Vor allem, weil er die Haare an den Seiten rasiert hatte, damit seine Segelohren noch besser zur Geltung kamen. Er trug sie mit Stolz, das merkte man. Konnte er sich auch leisten, denn ansonsten war seine Fresse echt hübsch, doch, doch. Markante Augenbrauen, geile Augen. Grün? Grau? Ich konnte es nicht genau sagen. Lippen und Zähne waren taufrisch. Musste schön sein, den Kerl zu küssen. Als wir am Freitag im Laderaum rumgeräumt und geputzt hatten, hatte ich beim Gedanken daran kurzzeitig einen Ständer bekommen. Aber das war unwichtig. Niko war einfach nicht mein Fall. Und Sex ohne Gefühle – nein, das war auch nicht meins.

Mit Paul war das was anderes. Der war mein Fall, oh ja! Am besten gefiel er mir, wenn er von der Arbeit heimkam. Er war fünfundzwanzig und Möbelverkäufer in einem schicken Laden. Dort musste er Anzug tragen. Stand ihm wirklich gut, denn er war groß – eins neunzig – und schlank. Wie ein italienisches Model sah er aus mit seinen dunkelbraunen, kurzen Haaren, dem Dreitagebart und der leichten Sonnenbräune auf der Haut. Weißes Hemd, lässig aufgeknöpft über der behaarten Brust, blaues Sakko und dazu passende Hosen. Leicht schräg gestellte, knallblaue Augen, sinnlicher Mund … Wenn ich nur an ihn dachte, merkte ich schon, wie sich mein Schwanz in der Hose rührte. Ich sollte mich besser auf den Verkehr konzentrieren, wenn ich die Karre heil in die Halle bringen wollte. Dann nichts wie heim, unter die Dusche, und ab zu meinem Mann!

Kurz nach acht war ich vor seiner Tür und klingelte. Vielleicht, dachte ich, wird's ja doch was Ernstes. Irgendwann, so hoffte ich, würde ich einen Schlüssel kriegen, aber wir kannten uns ja erst ein paar Wochen. Er öffnete und gab mir ein Küsschen. Mein Herz schlug wie verrückt, so gut sah er aus. Er war offenbar noch nicht lange zu Hause, hatte bisher nur sein Sakko ausgezogen. Trug diese geilen Stoffhosen und ein weißes Hemd, die Ärmel hochgekrempelt. Noch in der Tür wollte ich ihn richtig küssen und ging ich ihm an die Beule. Doch er lachte und zog mich in Richtung Küche. »Ich hab Hunger«, meinte er.

Ich drängte mich von hinten an ihn.

»Ich auch«, raunte ich in sein Ohr. »Aber nicht auf Essen.«

Zu meiner Freude drehte er sich um und küsste mich.

»Du bist ja so heißblütig! Hast du dich unterwegs aufgeladen?«, fragte er belustigt. »Oder was genommen?«

»Ich will nur deinen Schwanz«, unterbrach ich seine Fragerei und rutschte an ihm runter. Irgendwann würde ich ihn bitten, die Hose mal ohne Unterhose zu tragen. Dann: Einfach Schwanz raus und los. Aber im Moment war ich glücklich, wie es war. Pauls Hände rieben über meinen Kopf, während ich in seinen Schritt schnaubte, meine Finger den Reißverschluss aufnestelten, in die Hose, in die Unterhose griffen. Vorsichtig holte ich den halbsteifen Schwengel heraus. Er war so warm in meiner Hand, so schwer. Paul hatte einen unbeschnittenen, fleischigen, dicken Schwanz, bestimmt neunzehn Zentimeter oder mehr. Mit spitzer Zunge leckte ich in die Vorhaut rein, schlürfte den saftigen Inhalt. Es schmeckte salzig, leicht metallisch, ein geiler Geschmack. Ich legte die Eichel blank und umzüngelte sie spielerisch, vor allem die Stelle unten, wo das Bändchen spannte. Paul stöhnte, griff mich im Nacken und machte leichte Beckenstöße. Er tupfte mit seinem Schwanz an meine Lippen, an die Wangen, die Augen, bevor ich mir das Teil wieder schnappte und daran saugte. Dann leckte ich die Unterseite des stetig anschwellenden Rüssels, bis zu den Eiern. Sie baumelten weit unten im Sack, deutlich zu erkennen, das eine etwas höher als das andere, aber beide absolut lecker. Ich saugte abwechselnd an ihnen, konnte am Stöhnen über mir hören, wie Paul es genoss. Dann nahm ich beide Eier auf einmal in den Mund und lutschte an ihnen, während ich mit der Hand den Schwanz streichelte, der inzwischen steif war und von Vorsaft tropfte. Ich verteilte die geile Flüssigkeit mit den Fingerkuppen auf der Eichel. Dann leckte ich an der Unterseite vom Sack bis zur Spitze, schob meinen Mund auf den steifen Prügel und nahm schnell Tempo auf. Während ich wie ein Verrückter an der dicken Rübe lutschte, öffnete ich meine Hosen und fing an zu wichsen. Ich hatte ganz schön Dampf drauf, blies schneller und schneller, fickte mir den fetten Prügel fast bis zum Anschlag rein, wurde immer wilder. Mann, dieser Schwanz schmeckte mir!

Paul unterbrach meinen Eifer, indem er meinen Kopf ausbremste und ihn fest auf seinen Schwanz drückte. Ich kam zu mir, wurde ruhiger. Ganz langsam führte Paul meinen Kopf an seinem Schwanz auf und ab, immer nur so weit es ging. Er übertrieb es nicht, ging nie zu tief, es war und blieb ein geiler Genuss, seinen Schwanz drin zu haben. Ich schluckte und setzte die Zunge ein, konzentrierte mich auf den Schwellkörper in meinem Mund, erfühlte die Eichel, das Zucken, das Pumpen im Schaft, während ich saugte. Es tat so gut, dass ich mich richtig entspannte. Erst jetzt war ich da, wo ich wirklich hinwollte.

Paul zog mich hoch und küsste mich leidenschaftlich, umschlang mich und drückte mich an sich. Ich erwiderte seine Küsse und Umarmungen, doch jetzt ohne Hast, ohne Gier.

»Es ist Samstag«, sagte Paul leise zwischen unseren Küssen. »Wir haben Zeit.«

Zu meiner Erleichterung bedeutete das keine komplette Programmänderung oder das Umschalten in den Kochen-Essen-Quatschen-Modus. Stattdessen warf Paul mich über die Couchlehne, zog mir die Hosen runter und leckte meinen Arsch. Seine Barthaare kribbelten angenehm, als er die Backen auseinanderzog und mit seinem Mund, seiner Zunge in meine Ritze, an mein Loch ging. Mein harter beschnittener Bolzen reagierte prompt auf den geilen Reiz an der sensiblen Rosette, saftete voller Vorfreude auf das Leder der Couch, schmierte es ein, rieb sich daran. Die Zunge bohrte sich in mein Loch, tanzte herum, schlüpfte erneut ins Loch. Immer nasser wurde die Angelegenheit, immer schlüpfriger, immer fickriger. Ich bewegte meinen Hintern, kam der Zunge entgegen, spürte, wie ein Finger den Muskelring dehnte, dann zwei. Ich sehnte mich nach Pauls Schwanz, wollte ihn in mir haben, brauchte ihn.

Paul stellte sich auf, rotzte auf seinen dicken, harten Prügel, legte ihn auf meinen Steiß, rieb ihn daran, auf ganzer Länge, zog ihn durch meine Ritze und setzte schließlich die Eichel an. Drückte sie durch den Muskelring. Fuhr ein gutes Stück in mich ein. Ah, das tat gut! Ich stöhnte genussvoll auf, drehte den Kopf über die Schulter. Paul kam mir entgegen und küsste mich. Unsere Zungen umspielten einander, während sein Schwanz mit leichten, federnden Bewegungen tiefer eindrang. Er pflügte mein empfindliches Gewebe ganz langsam und gefühlvoll durch, bis es sich öffnete und bereit war, die Saat zu empfangen. Jeder einzelne Stoß war eine Wonne, jeder weitere Zentimeter steigerte meine Erregung.

Zwischendurch zitterten meine Beine etwas, aber ich brauchte nur kurz die Stellung zu korrigieren. Schon stand ich besser und konnte meinen Hintern umso besser dem eindringenden Bolzen entgegendrängen, vor und zurück wippen, ihn tiefer und tiefer einlassen. Der Druck wurde stärker, doch kein Gedanke an Aufhören. Eine kurze Schmerzstrecke, während der ich etwas neben mir stand und mehr das stückweise Nachgeben meiner Arschmuffe spürte als den wirklichen Schmerz. Bis Paul schließlich komplett in mir drin war. Angefüllt und erfüllt hielt ich still, während im tiefsten Innern meine Muskelfasern den dicken Pflock umschmiegten. Dann fasste Paul meine Hüften und setzte zum Fick an. In langen Bahnen zog er den Schwanzkolben durch meine Röhre, langsam und etwas zögerlich zunächst, bis es glatter ging und unsere Säfte die richtige Schmierung lieferten. Dann nahm er Fahrt auf, bockte mich schließlich auf die Lehne, dass mein Loch nur so schmatzte. Die Couch hielt unserem Gerammel nicht Stand und rutschte nach vorne. Wir natürlich mit ihr. Aber das hinderte uns nicht am Weitermachen. Jedenfalls zunächst. Erst, als es wieder und wieder passierte, gaben wir lachend auf.

Noch immer hatten wir Klamotten an, auch wenn unsere Hosen auf den Schuhen hingen. Und weil wir sowieso eine Pause machten, erlaubte ich Paul, einen Happen zu essen. Ich selbst hatte immer noch keinen Hunger. Als Paul fragte, ob wir heute Abend ausgehen wollten, begann ich kurz zu fürchten, dass er doch mehr von seinem Wochenende erwartete als geilen Sex. Zu meiner Freude willigte er aber sofort schulterzuckend ein, als ich ihm erklärte, dass ich heute lieber mit ihm hier allein bleiben wollte. Und noch mehr freute es mich, als er, kaum, dass er den letzten Bissen von seiner Pizza verschlungen hatte, zu mir kam und mich geil und heiß küsste.

Es dauerte nicht lange, und wir waren im Schlafzimmer. Nackt. Paul brachte eine Flasche Prosecco und Gläser, ich dimmte das Licht und machte Musik. Bisschen was Souliges war jetzt genau richtig. Ich hatte genug Playlists, die passten. Paul fickte mich die ganze Nacht lang, in allen Stellungen, spritzte einmal in meinen Arsch, und einmal schluckte ich sein geiles Sperma. Ich war selig, kam selbst dreimal – am geilsten, als mir Paul bis zum Abschuss den Schwanz lutschte.

# Der Härtetest

Dorian!« Entgeistert starrte ich ihn an, als er mir gegenüberstand. Ich war so in Gedanken gewesen, dass mir erst in allerletzter Sekunde auffiel, an wessen Tür ich da geklingelt hatte, um eine Sendung abzuliefern. Doch nun stand er da. Für einen Rückzug war es jetzt zu spät.

»Hi, Niko«, grüßte er mich scheu.

Ich hatte ganz vergessen, wie süß er aussah. Wie auf Knopfdruck meldete sich mein schlechtes Gewissen, weil ich ihn nie zurückgerufen hatte.

»Hi«, erwiderte ich mit rauer Stimme.

»Magst du kurz reinkommen?« Er merkte, dass ich zögerte, eher zur Flucht bereit war als zum Reinkommen. »Bitte«, setzte er hinzu und sah mich mit einem herzzerreißenden Hundeblick an, der ein Ablehnen unmöglich machte.

Irgendwie – danach wusste ich gar nicht mehr sie genau, wie es dazu kam – landeten wir zusammen im Bett. Und es war schön. Auch das hatte ich vergessen: wie gut sich der Kerl anfühlte, wie lecker er roch, wie wunderbar es war, ihn zu küssen. Okay, der beste Schwanzlutscher war er noch immer nicht, aber es fühlte sich trotzdem genial an, wie er mein bestes Stück verwöhnte. Vor allem fand ich es erregend, ihm dabei zuzusehen. Sein hübsches Gesicht an meinem dicken, steifen Riemen, die Wangen vor Erregung gerötet, die Zunge und die emsigen Lippen begierig darauf, mir Lust zu bereiten. Ich musste eingestehen, dass mich die Hingabe erregte, mit der er sich in meine Arme schmiss, obwohl ich mich so mies verhalten hatte. Während ich beobachtete, wie er voller Hingabe mit Mund und Händen meine Eier und meinen Schwanz bearbeitete, stieg unweigerlich, auf ganz unbeschwerte, angenehme Weise, die Vorfreude in mir hoch: darauf, ihn zu ficken. Bald. Obwohl ich ihn am liebsten sofort aufgebockt und flachgelegt hätte, kümmerte ich mich zuvor meinerseits um seinen Lümmel. Das lange, dicke Teil schien mir größer als beim letzten Mal. Ich lutschte es mir rein, bis es ganz tief in meiner Kehle steckte. Eine Weile saugte ich genüsslich daran, spürte, wie ein regelrechter Schwall Vorsaft sich in meinen Rachen ergoss. Aber schon bald schob Dorian meinen Kopf weg und entzog mir seine Saftlatte.

»Hör auf, ich komm' gleich«, raunte er gequält, strengte sich sichtlich an, den Orgasmus zurückzuhalten. Fasziniert sah ich zu, wie sein Schwanz heftig zuckte und eine Ladung leicht milchigen Safts aus der Eichel floss, der tatsächlich verdächtig nach Sperma roch. Ich ließ den Schwengel in Ruhe, sah Dorian an, der sich langsam wieder entspannte, musste grinsen. Er grinste zurück.

»Sorry«, sagte er. »Ich glaub, jetzt geht's wieder. Das war nur so ein Halber.«

Ich lachte und nahm den »Halben« zum Anlass, mich auf ihn zu legen, bereit, Gas zu geben und seinen süßen Arsch zu ficken. Zumal – das musste ich zu meiner Schande gestehen – mir der Stellplatz meiner Karre im Hinterkopf rumschwirrte. Ausgerechnet diesmal hatte ich echt scheiße geparkt. Unendlich viel Zeit hatte ich also nicht.

Wir knutschten und rieben uns aufeinander, mehr und mehr rutschte ich zwischen seine Beine, die er nach und nach immer weiter für mich öffnete. Der Gedanke an seine Unerfahrenheit mahnte mich dazu, sein Loch zunächst ausgiebig zu lecken, es weich und gefügig zu machen. Aber da war auch ein Schuss Sadismus. Der Wille, den Kerl zu testen, herauszufinden, wie sehr er es wirklich wollte. Wie sehr er *mich* wollte. Also speichelte ich zwei Finger ein und spielte ein bisschen an seiner Rosette rum, bevor ich erst einen und dann den anderen in das enge Loch bohrte. Ohne Probleme. Es ging prima. Dorian stöhnte geil auf und wand sich unter mir. Wie beim letzten Mal fischte er das Gleitgel aus der Schublade. Doch diesmal legte er nicht selbst Hand an, sondern reichte mir nur die Tube und überließ mir den Rest. Ich verteilte eine gute Portion Schmiersaft auf Schwanz und Loch. Dann legte ich los.

Schneller, stürmischer als neulich drang ich in ihn ein. Der enge Muskelschlauch umkrampfte meinen Ständer, während ich mich mit wenigen kleinen Stoßbewegungen unerbittlich tiefer drückte, um überhaupt weiterzukommen. Beim Versuch, dem Druck auszuweichen, ging Dorian ins Hohlkreuz, aber ich ließ ihn nicht entwischen. Jetzt wollte ich es wissen, ließ ich nicht locker, presste meinen Kolben kraftvoll in die enge Muffe, war schließlich drin und knackte sie. Dorian schrie auf und wehrte sich diesmal ernsthaft. Es war klar, dass ich rausmusste. Also zog ich meinen Fickschwanz raus und wartete, bis er sich beruhigt hatte. Mit schmerzverzerrtem Gesicht presste er die Beine zusammen und stöhnte leise. Fast erwartete ich, dass er mich aus dem Bett, aus der Wohnung, aus seinem Leben schmeißen würde, aber stattdessen beruhigte er sich. Auch wenn sein Blick verriet, dass er verstört, oder zumindest verunsichert war.

Zu meiner Überraschung drehte er sich dennoch um und präsentierte mir auf allen vieren seinen Arsch: »Lass es uns so probieren, vielleicht geht's dann besser«, sagte er, ein bisschen aufgeregt, aber entschlossen. Erneute Schmierung, und diesmal ließ ich mir mehr Zeit. Ich wollte, dass es ihm gefiel. Dass es ihn geil machte. Also tupfte ich mehrmals nur die Eichel ins weiche Loch, worauf Dorian leise Stöhnlaute von sich gab. Es erregte mich, seinen Rücken zu sehen, die schmalen Hüften, die breiten Schultern, den kurzhaarigen Schädel, der sich hin und her bewegte wie in Ekstase. Ein echt geiler Kerl. Kein Muskelprotz, aber alles an ihm war wohlproportioniert. Zum ersten Mal fiel mir eine Tätowierung auf seiner linken Schulter auf, ein Schriftzug. *Hope* war da in verschnörkelten Lettern zu lesen.

Ich wollte ihm näher sein, drängte tiefer, öffnete mit sanften, federnden Stößen das feste Gewebe, das sich nur langsam dem stetigen Druck ergab. Immer mehr von meinem Schwanz rutschte rein. Noch ein Ruck, dann war auch der letzte Widerstand überwunden. Ich war drin. Dorian holte tief Luft, sorgte mit ein paar leichten Bewegungen dafür, dass er den Eindringling besser in seinem Arsch unterbrachte, dann konnten wir loslegen. Komisch, mir war jetzt gar nicht mehr nach der harten Ficknummer. Ich beugte mich über seinen Rücken, stützte meine Arme neben seine auf dem Bett ab und hobelte seine Arschfotze mit langen, gleichmäßigen Strichen. Als ich in seinen Nacken schnaubte, drehte er mir den Kopf zu, und wir küssten uns kurz. Das war nicht ganz einfach, darum konzentrierte ich mich lieber wieder aufs Ficken. Der Arschkanal war jetzt schön gängig, ließ sich wunderbar durchziehen. Jeder Stoß jagte einen Lustschauer durch meinen Leib. An Dorians Stöhnen merkte ich, wie gut ihm der Fick tat. Aber auch bei mir fühlte es sich an, als wäre ein Schalter umgesprungen. Plötzlich fühlte ich mich entspannt, wie erlöst, sodass mir ein regelrechter Stoßseufzer entfuhr. Danach packte ich Dorians Hüften und fickte meinen Schwanz mit mehr Kraft, mehr Schwung in das enge, heiße und nasse Loch. Ahh, es war eine Wohltat!

Dorian ging prima mit, knallte mir seinen Hintern entgegen und war wild am Wichsen. Ich ließ mich einfach treiben, segelte schwerelos dem Höhepunkt entgegen. Stoß für Stoß. Der perfekte Fick. Ein letzter Tempowechsel, ein paar langsamere Schübe, dann preschte ich los, bockte meinen dicken Schwanz schnell und hart in die weiche Arschfotze, bis ich unter krampfhaften Zuckungen meine Ladung in sie ergoss. Dorian kam direkt danach. Ich fühlte, wie seine Muskeln pulsierten, wie sie meinen Schwanz, der immer noch in ihm drinsteckte, in schneller Wechselspannung erst fest umschlossen und dann wieder losließen. Ein geiles Gefühl. Als würde er mir die letzten Spermatropfen aus dem Schwanzschlauch saugen.

Doch als wir danach ermattet nebeneinander lagen, merkte ich sofort, dass es anders war als beim letzten Mal. Dorian war still, schien darauf zu warten, was ich nun tat oder sagte. Er blieb sogar auf Abstand, kuschelte sich nicht an mich oder so, wie neulich, wo wir gar nicht genug voneinander bekommen hatten. Und ich? Ich war genauso befangen, erinnerte mich vage an die Liebesschwüre, die ich ihm beim letzten Mal zugeflüstert hatte, nur um mich dann nicht mehr bei ihm zu melden …

»Das war schön«, sagte ich schließlich, beugte mich zu ihm und küsste ihn.

Er nickte nur, sah mich wieder mit diesem Hundeblick an, streichelte meine Wange. Mein Herz wurde schwer. Ich nahm seine Hand und küsste die Innenfläche.

»Hör mal«, traute ich mich endlich, das Wesentliche anzusprechen. »Sorry, dass ich so ein Arschloch bin. Keine Ahnung, warum ich mich nicht gemeldet hab, auch wenn ich echt viel um die Ohren hab.« Diese letzte, kleine Ausrede zählte sowieso nicht, das war mir klar.

»Schade«, sagte Dorian leise. Und: »Ich find's schön mit dir.«

Ich sah ihn an: »Ja, ich find's auch schön mit dir. Können wir es nicht einfach laufen lassen?«

»Keine Ahnung, was das heißen soll. Dann passiert doch gar nichts. Mir wär lieber, es würde was passieren. Aber wenn du nicht willst ...«

Ich blickte auf die Uhr. »Ich glaub, ich muss los«, erklärte ich, weil mir einfach nichts Besseres einfiel. Dorian nickte. Ich merkte ihm an, dass er sich zusammenriss, er versuchte, zu lächeln: »Ja, klar. Vielleicht sehen wir uns ja bald wieder. Vielleicht auch mal, wenn du frei hast. Nicht nur, wenn du mir ein Paket bringst. Es liegt an dir.«

Ich zog mich an und machte, dass ich rauskam. Auf dem Weg die Treppe runter grübelte ich. Dorian hatte das mit den Paketen so komisch gesagt. Meine Schritte wurden langsamer – und der Verdacht stieg in mir hoch, dass er absichtlich etwas über unseren Paketservice bestellt hatte, damit ich an seiner Tür klingeln musste.

# »Mach weiter!«

Nervös wie vor einer Prüfung checkte ich alle zwanzig Minuten den Sendungsstatus, um ja nichts zu verpassen. Ich wollte bereit sein, wenn Niko an der Tür klingelte. Natürlich würde ich ihm beichten, dass ich extra was bestellt hatte, um ihn zu sehen. Ich kriegte den Kerl einfach nicht aus dem Kopf, und mir war keine andere Möglichkeit eingefallen.

Endlich war es so weit! Mein Herz schlug wie wild, als wir uns gegenüberstanden. Er sah noch besser aus, als ich ihn in Erinnerung hatte. Das schlechte Gewissen stand ihm ins Gesicht geschrieben, darum wollte er wohl unbedingt reinkommen. Ich hatte damit gerechnet, wollte ihn in Ruhe darum bitten, mir einfach zu erklären, wie es mit uns weitergehen würde, wollte mich mit ihm aussprechen. Aber dann kam alles anders. Kaum war die Tür zu, kam er näher, nahm meinen Kopf zwischen seine Hände und küsste mich. Zwar hatte ich mir das gewünscht, aber ich war auch wütend.

»Du Arschloch«, schimpfte ich laut und funkelte ihn böse an. »Komm mir bloß nicht so jetzt!«

Niko blieb an mir dran, zwang mich, ihn anzusehen, und rappte dabei eine reumütige Beichte runter. Dass es ihm leidtue. Dass ich so süß sei, und er ein verdammter Idiot. Dass ich ihm eine reinhauen solle, weil er das verdient hätte, und lauter so Zeug, in einem fort. Er ließ mich nicht zu Wort kommen, küsste wieder und wieder mein Gesicht, meinen Mund, meinen Hals. Und schließlich erwiderte ich seine Küsse. Es war so schön, ihn zu spüren, ihn bei mir zu haben, dass ich nicht anders konnte.

Im Bett war ich so erregt, dass ich am liebsten sofort gekommen wäre. Als er dann meinen Schwanz blies, war es fast so weit, aber ich konnte den Orgasmus noch irgendwie ausbremsen. Dann wollte er mich ficken, doch es ging bei Weitem nicht so gut wie beim Mal davor. Ich war verkrampft, unbewusst vielleicht doch nicht bereit, mich wieder auf ihn einzulassen, aber ich merkte auch, dass er diesmal ein bisschen brutal war. Einmal tat es sogar kurz höllisch weh. Trotzdem sehnte ich mich danach, ihn in mir zu spüren. In der Hundestellung ging es dann besser, wir wurden beide mächtig scharf. Da war es wieder, dieses Gefühl von Vereinigung, von tiefer Verbundenheit mit diesem geilen Kerl, diesem Niko. Einfach nur genial! Wir bewegten uns im völligen Gleichklang. Sein dicker Schwanz brachte mein Innerstes zum Glühen, er war alles für mich in dem Moment. Auf der ganzen Welt gab es nichts anderes als diesen geilen, harten Fickschwanz. Und bis zum Abspritzen – gleichzeitig, heftig und lange – war auch alles traumhaft schön, so schön, dass ich vergehen wollte. Aber dann, dann war alles vorbei. Oder jedenfalls anders. Niko wurde plötzlich kalt und erklärte mir, dass er es lieber »so laufen lassen« wollte. Was denn? Bis jetzt hatten wir uns nur zweimal getroffen, davon einmal seitens Niko ziemlich unfreiwillig, aber jedes Mal miteinander Sex gehabt. War das alles? Wollte er sonst nichts von mir? Freundschaft? Kennenlernen? Als er weg war, heulte ich über eine Stunde lang, so fertig machte mich der Kerl.

Nach zwei Tagen hatte Moritz von meiner miesen Laune und meinem Selbstmitleid die Schnauze voll. Mit Drohungen und Schmeicheleien schaffte er es, mich mit ins *Inside* zu schleppen. Das Letzte, was ich wollte, war dort Niko zu begegnen, aber das blieb mir glücklicherweise erspart. Stattdessen lernte ich einen anderen Typen kennen. Richtig nett, und er sah auch gut aus. Basecap auf dem Schädel, unter dem lange blonde Haare in die Stirn und bis auf die Schultern fielen. Der Bart an Kinn und Wangen hatte einen leichten Rotstich. Seine Augen kniff er gerne zusammen, das verlieh ihm irgendwie ein verwegenes Aussehen. Besonders, wenn er schief grinste. Wir stießen zufällig am Bartresen aneinander, weil ich eine ganze Weile neben ihm warten musste, bis ich bestellen konnte. Er glotzte wie gebannt auf sein Handy, scrollte, chattete oder las irgendwas, keine Ahnung. Wahrscheinlich dachte er, ich würde mitlesen. Jedenfalls sah er ein paarmal streng zu mir rüber. Ich wusste mir nicht anders zu helfen als ihn freundlich anzulächeln. Er reagierte gar nicht. Aber nach einer Weile sprach er mich plötzlich von sich aus an und lehnte sich neben mich an den Tresen: »Die lassen dich aber ganz schön hängen.«

»Ach, ich hab' Zeit«, antwortete ich lahm.

Der Kerl grinste, sah sich nach dem Barkeeper um, der weiter hinten mit Gästen quatschte, steckte sich zwei Finger in den Mund und ließ einen lauten Pfiff durch den Laden schrillen. Ich wäre am liebsten im Erdboden versunken, als der Barkeeper zu uns kam. Es war ihm anzusehen, dass ihn die Aktion sauer gemacht hatte. Er pöbelte den Typen dann auch erst mal an, was das solle und so, aber nach einer Weile wirkte der Charme meines neuen Bekannten anscheinend doch. Der Barmann wurde zuckersüß, auch zu mir. Ich war beindruckt. So dreist durch den Laden zu pfeifen, hätte ich mich nie getraut. Als ich endlich meine Getränke hatte, bedankte ich mich und wollte zurück zu Moritz und den anderen gehen, aber der Typ verwickelte mich in ein Gespräch. Und es wurde richtig nett. Ich musste mich bemühen, Moritz' Grimassen und aufmunternden, manchmal obszönen Gesten zu ignorieren, die er hinter dem Rücken des Kerls in meine Richtung machte. Er freute sich, dass ich eine Ablenkung gefunden hatte, soviel war klar.

Der Typ – Sebastian – und ich, wir redeten über den Laden, über die Leute, und, während wir so am Tresen standen, berührten sich ab und zu unsere Knie und unsere Füße. Zunächst unabsichtlich, aber nach einer Weile merkte ich, dass Sebastian gezielt meine Nähe suchte. Darum begann auch ich, gelegentlich ein Bein an seins zu lehnen, und gegenzuhalten, wenn ich spürte, dass er sich an mich drückte. Ich registrierte, dass wir jedes Mal gleichzeitig das Glas ansetzten, das gab mir das Gefühl, wir würden uns aufeinander einstimmen.

Sebastian hatte wohl schon einiges intus. Jedenfalls war er nach dem dritten Bier ziemlich blau. Auch ich war ziemlich angetrunken. Ich vertrug nicht viel, drei Bier waren mehr als genug. Aber es war so schön, und der Kerl rückte immer näher, bis wir ganz dicht beieinanderstanden und uns nur noch ganz leise unterhielten. Ich mochte seine Bierfahne und hörte manchmal gar nicht richtig zu, was er sagte, war vertieft in den Anblick seiner appetitlichen Lippen, die ich zu gerne geküsst hätte. Seine Augen waren ein bisschen verschwommen, aber er blickte mich so liebevoll an, dass mir richtig warm wurde. Endlich beugte er sich zu mir und drückte mir einen scheuen Kuss auf den Mund.

»Du bist süß«, sagte er mit schwerer Zunge. »Richtig süß.«

»Du auch«, säuselte ich.

»Können wir zu dir?« Die Frage kam völlig unerwartet, ich war total überfordert. Moritz rettete mich, indem im gleichen Moment zu mir kam und mir auf die Schulter klopfte. »Na, Dori, alles klar?« Er nickte Sebastian kurz zu. Ich hasste es, wenn er mich »Dori« nannte, aber trotzdem war ich froh über die Unterbrechung.

»Ja, alles bestens«, erwiderte ich.

»Wir ziehen jetzt ein paar Häuser weiter«, erklärte Moritz. »Kommst du mit?« Und mit einem Blick auf Sebastian: »Oder kommt *ihr* mit?«

Sebastian sah mich fragend an, er wollte die Antwort mir überlassen. Und ich hatte meinen Entschluss gefasst: Ich wollte hierbleiben, mit ihm. Oder ihn mit nach Hause nehmen. Mal sehen. »Nein, ich bleib noch. Viel Spaß.«

Moritz verabschiedete sich von mir mit Bussi (auch so etwas, das ich nicht leiden konnte) und raunte mir dabei ins Ohr: »Geiler Typ! Dir auch noch viel Spaß.«

Dann winkte er Sebastian kurz zu und ging. Als Moritz und seine beiden Kumpels weg waren, fühlte ich mich plötzlich viel freier und beinah wieder nüchtern. Ich war Single und unabhängig, konnte machen, was ich wollte. Sogar diesen netten, gutaussehenden Fremden mit nach Hause nehmen, diesen Sebastian, der mir immer besser gefiel, je länger ich ihn ansah. Er hatte niedliche Sommersprossen, das merkte ich erst jetzt. Mit einem Mal war ich im Flirtmodus, machte anzügliche Bemerkungen und zeigte meinem neuen Bekannten, dass wir durchaus »zu mir« konnten und ich interessiert war, ihn mitzunehmen. Sebastian bekam einige meiner Witze gar nicht richtig mit, er war viel zu alkoholisiert. Aber er lachte trotzdem, und ich lachte mit. Wir küssten uns auch zwischendurch. Das fand ich aufregend. Ich hatte noch nie öffentlich in einer Kneipe rumgeknutscht, immer nur neidisch auf die anderen gespäht, die das einfach so machten.

Das *Inside* war nicht weit entfernt von meiner Wohnung. Schon auf dem kurzen Weg drängte mich Sebastian in beinah jeden Hauseingang und knutschte mich ab, ging mir dabei ziemlich an die Wäsche. Ich kicherte dauernd, halb verunsichert, halb erregt. Bisher war ich nicht unbedingt der Typ gewesen, der in der Öffentlichkeit rummachte, aber jetzt fühlte es sich genau richtig an. Es war ja schon sehr spät, beinah Morgen, und kaum Leute unterwegs. Außerdem war er ein guter Küsser.

Nicht lange später waren wir bei mir. Sebastian begann schon im Flur, sich auszuziehen. Seine Bewegungen waren schwerfällig, ich hatte Angst, dass er hinfällt oder irgendwas kaputtmacht, aber irgendwie schafften wir es ins Bett. So ohne Klamotten war er überraschend schlank, beinah dünn, aber er fühlte sich toll an. Seine Haut war noch blasser als meine, sein üppiger Schamhaarbusch rötlich-blond, sein hellhäutiger Schwanz von einem Muster aus rötlichen Adern überzogen und von einer kirschroten Eichel gekrönt. Er war kleiner als der von Niko. Ich merkte schnell, dass das die Sache leichter machte. Ich konnte ihn viel besser blasen, konnte ihn mühelos ganz reinlutschen. Das war gut, denn Sebastian hatte zunächst Startschwierigkeiten, wurde nicht richtig steif. Aber in meinem Mund pumpte er sich auf, schwoll an und ließ sich schließlich prima blasen. Auch den Eiern schenkte ich gebührende Aufmerksamkeit, leckte und streichelte sie im rasierten Sack. Danach führte ich die Zunge abwechselnd über die empfindlichen Innenseiten beider Schenkel, was Sebastian mit einem erregten Zittern quittierte. Die meiste Zeit aber hing ich am Schwanz. Der schmeckte mir richtig gut. Immer wieder schob ich ihn mir tief in die Kehle und saugte daran mit größter Lust. Es machte mich umso schärfer, dass es so gut funktionierte.

Wir lagen so nebeneinander, dass wir uns gegenseitig blasen konnten. Sebastian verstand es, mit meinem Kolben umzugehen. Er wichste und lutschte ohne Hast und schnaubte dabei wie ein Pony. Ich fühlte, wie sein warmer Atem in meinen Schoss brandete, während er meine Latte mit seinem Maul verwöhnte, so nass und heiß. Das Licht in meinem Zimmer hatte ich ausgemacht, der Schein der Straßenlaternen, der durchs Fenster drang, genügte uns. Im Gegenlicht des Halbdunkels leuchteten Sebastians Haare ganz hell, während er seinen Kopf beim Verwöhnen meiner Latte hob und wieder senkte. Es war unheimlich schön, mir ging's einfach nur gut. Ich fühlte mich unbeschwert, machte mir keine Gedanken darüber, wie mich dieser Kerl fand, war geradezu selbstsicher.

Als er mir mit der Hand in die Ritze ging und an meinem Loch spielte, steigerte das mein Glücksgefühl. Ich hatte gar nicht erwartet, dass er mich ficken wollte, aber umso geiler, dass es so war. Nur zu gerne öffnete ich die Beine und ließ seinen Finger eindringen, rein und raus fahren, das weiche Fleisch massieren. Er legte sich auf mich, wir knutschten, dann spreizten seine Arme meine Schenkel. Sein Schwanz war jetzt ganz steif. Er fand schnell den Einstieg. Schon nach ein paar Probestößen trieb Sebastian seinen Harten bis zum Anschlag in meine Muffe. Es war so geil und ging so toll, dass ich total happy war. Tatsächlich wunderte ich mich im positiven Sinne über mich selbst. Noch bis vor Kurzem hatte ich daran gezweifelt, dass ich es jemals geil finden würde, mich ficken zu lassen. Die anderthalb ersten Male hatten mir einfach nicht gefallen. Aber das war vor Niko gewesen. Seitdem er mich genommen hatte, fand ich es nur noch geil, meinen Arsch hinzuhalten, konnte es richtig genießen. Dass Sebastians Schwanz genau die richtige Größe hatte, machte es umso besser. Von Anfang bis Ende war da nichts als Lust und absolutes Wohlgefühl. So schön war es, dass ich einfach abspritzte, während er mich fickte. Ich wichste, bis ich kam und mein Sperma auf Bauch und Brust klatschte. Sebastian war irritiert und wollte sich zurückziehen, aber ich hielt ihn fest.

»Mach weiter!«, bat ich ihn leise.

Vorsichtig setzte er seine Stöße fort, und tatsächlich: Es ging, sogar nachdem ich gekommen war. Es fühlte sich immer noch angenehm und geil an. Ich drehte mich um, und Sebastian nahm mich von hinten. Er schwitzte wie verrückt, aber er war nicht zu betrunken für guten Sex. Im Gegenteil. Er packte mich an den Hüften und rammte mir seinen Fickprügel rein, dass ich nur so stöhnte vor Lust. Ich spürte, wie er einige Male den Winkel änderte, andere Stellen in mir gereizt wurden, wie bei jedem Wechsel ein neuer Schauer durch meinen Leib rauschte. Er machte das genial. Als er in mir abspritzte, schoss ich meine zweite Ladung aufs Bett, so geil war ich wieder geworden.

Sebastian blieb über Nacht, das fand ich besonders schön. Sein Schlaf war unruhig, aber das machte mir nichts. Wenn ich kurz aufwachte, reichte ein Blick auf ihn, ein kurzes Streicheln, eine Umarmung, und schon schlief ich weiter. Als uns morgens mein Handy-Alarm weckte, hatte er keine Eile. Ich hatte keine Lust, Moritz oder sonst wem in der Küche gegenüberzusitzen, deshalb holte ich uns Kaffee und ein paar Kekse in mein Zimmer. Während des kleinen Frühstücks unterhielten wir uns. Aber ganz anders als abends in der Kneipe. Ohne Flirt (jedenfalls kaum). Er fragte, was ich beruflich machte und so. Er selbst war gerade arbeitslos, aber es schien ihn nicht besonders zu belasten. Er meinte, er würde demnächst wahrscheinlich wieder einen Job haben, in einem Gartenbauzentrum. Es war richtig nett.

Erst als er aufbrach, kam die Enttäuschung. Natürlich hätte ich ihn gerne wiedergesehen, aber er wich aus, gab mir nicht mal seine Telefonnummer, wollte auch meine nicht wissen. Er wäre viel unterwegs, wir würden uns bestimmt im *Inside* wiedersehen und so weiter. Jaja, am Arsch! Nun wollte ich ihn schnell loswerden und sah zu, dass er schnell draußen war. Diesmal heulte ich nicht.

# Private Nachtschicht

Hast du heute Abend was vor?«

Tariks Frage kam überraschend. Es war schon wieder Samstag, und morgen würden wir wie üblich freihaben. Es war wärmer geworden in den letzten Tagen, darum trugen wir Shorts. Der Anblick von Tariks kräftigen, behaarten Waden in den kurzen Hosen und den festen Halbstiefeln – abgesehen vom Rest des leckeren Kerls – ließ mich keinen Augenblick zögern.

»Nein, warum?«, antwortete ich. Es stimmte sogar.

»Na, weil ich dachte, vielleicht trinken wir was zusammen«, meinte er, während er die Sackkarre in seinen leeren Wagen bugsierte. Dann knallte er die Tür zu, schloss ab, steckte die Hände in die Hosentaschen und drehte sich zu mir um – ein freches Grinsen in der Fresse, aber mit ernstem Blick.

»Klar«, erwiderte ich, obwohl gar nichts klar war. »In welchen Laden sollen wir denn gehen?«

Er druckste rum, die Augen zu Boden gerichtet: »Keine Ahnung … Ich hab gedacht, wir trinken bei dir was? Das wär' mir lieber. Dann brauchen wir uns auch nicht erst umziehen und so.« Als er mich ansah, merkte er mir wohl an, dass meine Fantasie ins Rollen kam. »He, aber nicht, was du denkst, okay?« Abwehrend streckte er die Arme aus, garnierte die Geste jedoch mit einem netten Lachen.

Ich grinste: »Bild dir bloß nichts ein. Ich kann mich zurückhalten.«

Er verzog skeptisch sein Gesicht und grinste zurück. »Ja, klar, ausgerechnet du.« Das war purer Sarkasmus.

»Wenn du nicht anfängst, mach ich auch nichts, versprochen. Nur trinken.«

Ich spielte mit. Da kam eindeutig Bewegung rein in unser Verhältnis.

»Und quatschen«, meinte er mit erhobenem Zeigefinger, bevor er mir die Hand hinhielt wie ein Diplomat, der auf einen geheimen Staatsvertrag einschlagen will.

»Was ist mit Musik?«, wandte ich ein.

Er überlegte.

»Musik ist gut«, stimmte er zu.

»Rauchen?«, setzte ich nach.

Er lachte: »Ausnahmsweise.«

Wir besiegelten unseren Kontrakt mit feierlichem Handschlag.

Nachdem ich Tarik erzählte hatte, dass ich mit einem Kumpel zusammenwohnte, schlug er vor, zu ihm zu fahren. Er wohnte allein. Nette Bude, ein Zimmer mit Bad, angenehm verwahrlost. Gefiel mir. Wir saßen auf der eingezogenen Auszieh-Couch, tranken Bier, und als es alle war, gingen wir zu Raki über, mit Wasser und Eis. Lecker.

Eigentlich quatschten wir die ganze Zeit nur über den Job. Trotzdem gab es jede Menge zu lachen. Wir hatten beide unzählige Geschichten erlebt, mit Kunden oder Kollegen oder Kostic. Dazu netter Elektrosound, und was zu rauchen gab es auch. Noch dazu zog Tarik nach einer Weile seine Stiefel und Socken und das Uniformhemd aus. Sein verschwitztes Unterhemd und der sexy Dunst aus den Schuhen und seinen dicht behaarten Axeln waren eine Herausforderung. Es fiel mir nicht leicht, meine Hände bei mir zu behalten. Ich war ganz schön verzaubert!

Ab und zu, nach einer lustigen oder einer schrecklichen Story, bekam Tarik einen Koller. Er stand auf, rannte lachend oder schreiend um den kleinen Tisch herum und sprang über die Couch oder sonstige Umwege zurück auf seinen Platz. Dabei hielt er das Glas in der einen und die Zigarette in der anderen Hand. Er zog keine Show ab, war auch nicht hysterisch oder tuntig oder so. Im Gegenteil: Es wirkte richtig männlich, wie er das machte, zwanglos, ungeniert. Er tat es einfach, weil er Bock darauf hatte. Und bewegte sich dabei wie ein Kampfsportler. Na ja, jedenfalls irgendwie maskulin und kraftvoll. Ich fand das toll.

Am Ende war er es, der den ersten Schritt tat. Schon eine Zeit lang hatte ich den Eindruck gehabt, dass er mich anmachte. Seine Blicke, seine Körperhaltung … Wollte er, dass ich einen Annäherungsversuch unternahm? Ich war zu berauscht, um meinen Sinnen richtig zu trauen, deshalb hielt ich mich zurück.

Zum x-ten Mal stießen wir unsere Gläser aneinander, als er sich plötzlich rüberbeugte und mich auf den Mund küsste. Vor Überraschung war ich wie gelähmt. Ich starrte ihn nur an. Da stellte er sein Glas ab, nahm mir auch meins aus der Hand, und dann kam er zur Sache. Mein lieber Mann, ich musste erst mal eine Sekunde rebooten, bis ich in der Lage war mitzumachen. Aber dann … war's genial.

Ruckzuck drückte Tarik mich auf die Couch, rutschte auf mich drauf, und wir knutschten wie die Verrückten. Es kam mir vor, als würde er jeden Winkel in meinem Mund erforschen. Seine Zunge war fordernd und kräftig, aber sie war auch warm, geschmeidig und wunderbar. Außerdem schmeckte der Kerl genial. Durstig schlürfte ich seine Spucke und ließ mir seinen heißen Atem in die Lungen pressen. Tarik war ein echt heftiger Küsser. Es war geil, aber Schwerstarbeit, ich kam richtig ins Schwitzen. Auch, weil ich noch meine Klamotten anhatte. Ich unterbrach unser Gerangel und stand auf, um mir das Hemd auszuziehen, doch Tarik hielt mich zurück.

»Warte, lass an«, sagte er und blickte mich mit verschmitztem Grinsen an.

»Mir ist heiß«, erklärte ich, wollte raus aus der Kluft.

Tarik fuhr bedächtig mit einer Hand über die Beule in meinen schwarzen Service-Shorts. »Ich find's geil so. Sex mit 'nem Kollegen. Ist doch scharf, oder?«

Ich musste lachen: »Na ja, aber sonst hat das ja hier nichts mit der Arbeit zu tun, oder?«, erwiderte ich und wies mit einer ausladenden Armbewegung auf unsere Umgebung – Tariks Bude. »Wir sind hier bei dir, ganz gemütlich, ganz privat. Da können wir uns doch auch ausziehen, oder?«

Er überlegte kurz. »Dann gehen wir halt zurück. In die Halle. In deine Karre oder meine.«

Ich sah ihn ungläubig an. »Jetzt? Ist das dein Ernst?« Der war ja völlig verrückt.

»Na klar«, meinte er, schien fest entschlossen.

Ich grinste. »Und was ist aus ›Zwei Männer, das ist was Wunderbares‹ und ›Ich bin doch keine Schlampe‹ geworden?«

Tarik lachte. »Na ja, das darf man nicht so eng sehen, oder?«

Und mit einer Mischung aus aufreizenden Bemerkungen – »Stell dir vor, du und ich hinten im Laderaum, wie ich dir einen blas'.« – und Zerstreuung meiner Bedenken – »Quatsch, da kommt keiner. Wer soll denn da kommen? Alles abgeschlossen. Und selbst wenn, dann haben wir eben was zu arbeiten.« –, aber vor allem mit jeder Menge heißer Küsse und Fummeleien klopfte er mich weich.

Er zog sich tatsächlich wieder an, verschwand kurz noch mal im Bad. Wir bestellten ein Taxi. Und dann standen wir vor dem Tor zum Fuhrpark. Mitten in der Nacht. Es war totenstill, kein Licht im Gebäude, keine Leute auf der Straße. Wir wussten, dass nur alle paar Stunden der Wachdienst vorbeifuhr, hatten beide schon öfter spätabends noch Sendungen verstaut oder Papierkram erledigt und kannten die Dienstleute. Sie würden kurz anhalten, aber dann weiterfahren, wenn alles dunkel war. Und wir brauchten kein Licht.

Ich schloss auf, wir schlüpften rein, und ich schloss wieder ab. Wie Diebe schlichen wir über den Hof zur dunklen Halle, öffneten die Tür, schlüpften durch und waren drin. Mit angehaltenem Atem blickten wir uns um und lauschten. Mein Herz klopfte heftig, aber eigentlich war die Sache ganz nach meinem Geschmack.

Als klar war, dass wir allein waren, lehnte sich Tarik an mich, presste mich an die Hallentür, was einen dumpfen, blechernen Laut verursachte. Wir kicherten leise. Dann küssten wir uns. Es war erregend. Nicht unbedingt, weil wir in unserer Arbeitshalle knutschten, vielmehr weil wir etwas Verbotenes taten. Ohne zu zögern, ging Tarik vor mir in die Hocke und leckte an meiner Hosenbeule. Er hatte keine Eile, nahm die Hände dazu, streichelte mich vorne, hinten, entlang der Beine und der nackten Waden. Mein Schwanz wurde schnell dicker. Ich presste Tariks Kopf, den sexy Kopf mit den schwarzen Locken, in meinen Schritt.

Endlich öffnete er den Reißverschluss und holte meine Latte aus der Hose, empfing sie mit seinem wunderbar weichen und warmen Lutschmaul. Er saugte so genial daran, dass ich wohlige Stöhnlaute von mir gab. Tariks Hand kam hoch und legte sich auf meinen Mund, brachte mich zum Verstummen, ohne dass mein Schwanz dabei auch nur eine Sekunde lang vernachlässigt wurde. Während Tarik ruhig und gleichmäßig weiterlutschte, leckte ich an seinen Fingern. Schließlich schob er einen, dann einen zweiten zwischen meine Lippen. Ich züngelte und saugte an ihnen und fand das geil. An dem Kerl war alles geil. Von mir aus hätte er mich umdrehen, gegen die Wand drücken und ficken können, jetzt und gleich.

Tatsächlich kam er hoch und küsste mich nass und leidenschaftlich. Dann nahm er mich bei der Hand und führte mich zu seiner Karre, hastig und geduckt. Er wollte auf keinen Fall entdeckt werden. Während er seinen Schlüssel aus der Hosentasche kramte, gebot er mit einem Finger vor den Lippen Stille, aber das Geklimper brachte uns gleich wieder zum Kichern. Wir waren ziemlich angetrunken, vermochten kaum, den Lachreiz zu unterdrücken.

Ein leichtes Poltern ließ sich nicht vermeiden, als wir den Laderaum enterten und Tarik hinter uns die Türen zuzog. Es roch wie immer, nach Blech, trockenen Kartons und Diesel. Er schaltete die Innenbeleuchtung an. Das kalte Licht war nicht besonders hell, aber nach der Dunkelheit zuvor trotzdem ein Schock. Zumindest für mich. Tarik schien es nicht zu stören. Er lehnte sich mir gegenüber an die Wand und musterte mich von oben bis unten, als würde er mich zum ersten Mal sehen. Als wären wir Fremde. Mein halbsteifer Schwengel hing aus der Hose. Unter Tariks Blicken begann ich, ihn zu streicheln und schließlich sachte zu wichsen. Tarik starrte lüstern auf meinen anschwellenden Lümmel, rieb sich den eigenen in der Hose und grinste. In seiner dunklen Bartfresse leuchteten die weißen Zähne.

»Geil«, raunte er heiser.

So langsam fing sein Spiel an, mir Spaß zu machen. Je genauer ich hinsah, desto besser gefiel mir der Anblick des leckeren Kerls in seiner Service-Kluft. Mein Kollege. Mein Kollege, der eben noch meinen Schwanz gelutscht hatte. Er blieb auf Abstand. So nah und doch so fern.

Auch er holte nun seinen Riemen raus, und der war nicht von schlechten Eltern. Eine gute L, beschnitten und mit einer sich an der Spitze verjüngenden Eichel. Eine fleischige rosa Pfeilspitze, aus deren Mitte klarer Saft tropfte, den Tarik mit seinem breiten Daumen verteilte. Dann führte er die Hand zum Mund und lutschte schmatzend das Zeug vom Finger, während er mich versaut angrinste.

Ich tat es ihm nach, grinste zurück, zeigte ihm meine saftende Eichel und spielte mit dem geilen Schleim, bevor ich ebenfalls eine Leckprobe machte. Mit einer Kopfbewegung forderte Tarik mich auf, ranzugehen. Zwei Schritte, und ich hatte seinen Schwanz in der Hand. Heiß und hart, trotzdem geschmeidig und zart. Ich griff seine Eier. Sie waren rasiert und passten genau in meine Hand, zwei geile Kugeln. Ich beugte mich vor und leckte über den Eichelpfeil, kostete den Saft, nahm das pralle Teil in den Mund, saugte daran. Tarik drückte mich runter. Nur zu gerne ging ich vor ihm auf die Knie. So konnte ich seinen Prügel besser verwöhnen, ihn richtig reinlutschen, bis ich ihn ganz tief in der Kehle hatte. Tarik brummte zufrieden und stieß mir den Pflock ein paarmal tief ins Maul. Dann zog er sich zurück, nahm das harte Ding in die Hand und peitschte damit mein Gesicht, die Wangen und die Stirn, bevor er erneut die Luke suchte, fand und fickte.

So ging das eine ganze Weile. Bis Tarik mich hochzog und an die gegenüberliegende Wand drückte. Ich ließ ihn einfach machen. Er sah sich suchend um, schnappte sich dann zwei der schwarzen Baumwollgurte mit den Haken am Ende, die wir benutzten, um die Ladung im Wagen zu fixieren. Ich ahnte schon, dass sie jetzt für etwas anderes herhalten sollten. Mit ein paar routinierten Griffen hakte Tarik einen Gurt in der dafür vorgesehenen Lochreihe in der Blechwand ein. Gleichzeitig nahm er meinen linken Arm und hob in die Waagerechte. Er wickelte mir den Gurt ums Handgelenk, zog ihn fest, sah mich prüfend an, zog fester, und befestigte ihn am nächsten Haken. Das zwiebelte ein bisschen, aber es war nicht unangenehm. Dann Seitenwechsel. Bevor er auch den rechten Arm festzurrte, küsste mich Tarik zärtlich. Dann waren meine Arme zu beiden Seiten fixiert. Ich kam mir vor wie der Gekreuzigte. Doch ich sparte mir Witzeleien. Irgendwie machte mich das hier gerade richtig geil.

Tarik stellte sich vor mich. Wie ein Spiegelbild. Er legte seine Hände auf meine, unsere ausgestreckten Arme übereinander, unsere Gesichter, unsere Schwänze dicht an dicht. Sein Atem ging genauso schwer wie meiner, die Atmosphäre knisterte vor Spannung. Die Fesselung fühlte sich nicht besonders haltbar an. Ich war mir sicher, dass ich mich mühelos hätte befreien können, wenn ich gewollt hätte. Aber kein Gedanke daran. Ich genoss die Reibung seines Körpers, der sich langsam hin und her bewegte, vor und zurück wippte, und erwiderte seine Küsse. Eine seltsame Schlappheit breitete sich in mir aus. Nur mein

Schwanz war nicht davon betroffen. Während sich alles in mir entspannte, pochte mein Ständer steinhart an Tariks Hosen, gegen seine Latte. Ich schloss die Augen. Spürte Tariks Hände an meinem Gesicht. An meiner Hemdbrust. Sein Knie zwischen meinen Beinen. Er drückte sie leicht auseinander. Ich gab mich seinen Handlungen hin. Er rutschte an mir runter. Schon fühlte ich, wie mein Schwanz vom warmen Lutschmaul verschluckt wurde. Ich sah nach unten und genoss den Anblick des schwarzen Lockenkopfs, der mit immer mehr Fahrt an meinem Steifen saugte, ihn kräftig wichste. Meine Erregung blieb dabei konstant oben, aber ohne direkte Abspritzgefahr. Von mir aus hätte das stundenlang so weitergehen können.

Tarik stand auf, drehte sich mit dem Rücken zu mir und drückte sich an mich. Rieb sich an mir – sein Arsch in der schwarzen Arbeitshose, sein verschwitztes Hemd einen genialen Männerduft verströmend. Zu gerne hätte ich die Hände freigehabt, um ihm die Shorts runterzureißen, ihn an den Hüften zu packen und ihm meinen Schwanz in den Arsch zu rammen. Doch als ich Anstalten machte, mich zu befreien, bückte sich Tarik noch ein Stück weiter nach vorne, legte die Hände auf seinen Hosenboden, zog den Stoff auseinander. Erst jetzt bemerkte ich die Ritze. Ein mehrere Zentimeter langes Loch in der Naht. Durch das sein nackter Arsch blitzte. Die kleine Drecksau!

»Geil«, schnaubte ich erregt.

Ich hörte Tarik heiser und dreckig lachen: »Hab' ich vorhin schnell im Bad gemacht. Als kleine Überraschung.«

Er tupfte mehrmals mit seinem Hintern an meinen Ständer, genau da, wo der Riss war, ließ ihn in die Ritze, ins Loch stochern. Es fühlte sich glitschig an. Der Kerl musste sich heimlich eingeschmiert haben. Geil. Und tatsächlich dauerte es nicht lange, bis er sich meinen harten Schwanz ins Loch drückte.

Es war eine ungewohnte, aber geile Situation. Ich konnte nichts tun, außer dazustehen und zuzugucken, wie Tarik unter Seufzen und Ächzen, mit kleinen, wippenden Bewegungen seinen Hintern weiter auf meinen Schwanz schraubte. Bis er schließlich andockte. Die Hitze in seinem Arsch war unglaublich. Mein Schwanz schmolz dahin, so kam es mir vor.

Tarik machte ein Hohlkreuz, streckte seine Arme nach hinten, um meine Hüften zu umfassen, drückte seine Kiste noch fester an mich, auf meinen Kolben. Sein Gesichtsausdruck war konzentriert aber entspannt, während er versuchte, den Prügel in seinem Fickdarm in den Griff zu bekommen. Es wurde weicher, anschmiegsamer da drin. Von meiner Schwanzspitze wogten Wellen der Wollust bis in mein Rückenmark. Ich konnte mich nicht sattsehen an Tarik. Er sah so selig aus, schien so ganz bei sich, was mich total flashte. Allmählich fing er an, sich zu bewegen, mit seinem heißen Arschloch auf meiner Stange vor und zurückzurutschen. Das machte er so genial, dass ich laut aufstöhnte. Diesmal kam keine Hand, um die Laute zu verhindern. Stattdessen stimmte Tarik mit ein. Bald stöhnten wir im Gleichklang, gedämpft, aber unweigerlich. Es war einfach zu geil.

Tarik beugte sich weiter vor, fickte sich meinen Prügel genüsslich zwischen die Backen, zeigte mir sein Loch, indem er den Riss in der Hose auseinanderzog. Ich konnte sehen, wie mein Schwanz in ihn einfuhr, wie der Muskelring ihn umschloss beim langsamen Rein- und Rausstoßen, wie geile, schwarze Fotzenhaare nass und versaut den Fick säumten. Ich wollte sie aufbocken, die hungrige, tropfnasse Arschfotze, kam den Stößen entgegen, stand da und fickte diesen geilen, leckeren Kerl freihändig. So ganz ohne Fummeln, das war eine interessante Erfahrung. Dass sich unser Körperkontakt auf Schwanz und Arsch beschränkte, minderte das Lustpotenzial der Nummer keineswegs. Vielmehr verstärkte es die Intensität unserer geschmeidigen Vereinigung. Für eine kleine Ewigkeit wiegten wir uns im Rhythmus des Universums, vergaßen alles andere um uns herum, spürten nur noch die Hitze im Zentrum unserer Leiber, jedes Vibrieren, jedes Muskelzucken … Es war einfach genial.

Als Tarik plötzlich abstieg und meinem Schwanz seine köstliche Hitze entzog, war ich fast ein bisschen enttäuscht. Aber nur kurz. Er streckte seinen Körper, dann drehte er sich um, küsste mich und befreite meine Hände. Wir stürzten uns aufeinander, holten die aufgestauten Umarmungen nach, berührten uns überall. Jetzt war mir alles egal. Ich riss ihm die Kluft vom Leib, das Unterhemd, die Unterhose, bis er nackt war bis auf die Stiefel. Er wehrte sich nicht, sondern machte sich seinerseits an meinen Klamotten zu schaffen. Am Ende war auch ich nackt. Und wurde in dem muffigen Laderaum, zwischen ein paar Kartons und der Sackkarre, nackt und völlig verschwitzt, von Tarik gefickt. Zwei Männer in Ekstase. Tarik hatte recht. Das *war* was Wunderbares!

Sein knallharter Prügel benötigte mehrere Anläufe und Spuckeladungen, bis mein Arsch endlich gängig und offen genug war, um die heftigen Stöße mit Lust zu empfangen. Es war ein derber, beinah verzweifelter Fick. Wir rammelten, als ob wir es hinter uns bringen wollten, aber genau so war es perfekt. Das war es, was wir brauchten, alle beide. Mit grimmigem Ächzen ergoss er sich in mir, und ich wichste mich schnell über die Ziellinie, während er noch in mir drinsteckte.

# Eindrückliche Einarbeitung

Da kommt schon keiner. Und selbst wenn, dann haben wir eben was zu arbeiten.«

Es war nicht so einfach, Niko zu überreden, mitten in der Nacht aufs Werksgelände zu schleichen, für Sex.

»Ich find's aber geil. Genau jetzt«, wiederholte ich das einzige Argument, das die riskante Aktion rechtfertigte und mir einleuchtend erschien. Weil wir gerade so in Fahrt waren. Weil alles so passte. In Wahrheit gab es noch einen anderen Grund. Aber ich konnte Niko ja schlecht erzählen, dass es heute Nacht sein musste, weil ich schon den ganzen Tag eine Stinkwut auf Paul hatte, dieses miese Schwein. Ein Freund hatte ihn in einer schwulen Sauna gesehen. Paul hatte es noch nicht mal abgestritten, als ich ihn darauf ansprach. Er meinte, wir hätten uns nie Monogamie geschworen, das wäre doch alles kein Problem, und lauter so Scheiß. Nee, danke. Das war nichts für mich. Ich hätte es mir gleich denken können, dass der Typ anders tickte als ich, so wie der aussah.

Ich war ziemlich durchgedreht, innerlich jedenfalls.

Gegenüber Paul war ich ganz cool geblieben – wir mussten beide zur Arbeit und beschlossen, ein anderes Mal darüber zu quatschen –, aber innerlich war ich auf hundertachtzig. Ich rechnete mir keine Chancen mehr aus, je wieder mit Paul klarzukommen. In diesem Punkt waren wir unvereinbar. Die Sache war vorbei. Als ich nach meiner Tour in der Halle ankam, verspulten meine Gedanken sich dermaßen, dass ich spontan Niko ansprach, ob er abends Zeit hätte. Vielleicht aus einer Art Selbsterhaltungstrieb. Weil ich sonst die ganze Nacht gegrübelt hätte. Oder mich doch wieder bei Paul gemeldet hätte. Es freute mich, dass Niko gleich ansprang. Als wir dann bei mir waren, wurde es richtig nett. Und irgendwann auch geil.

Ich hatte schon lange die Fantasie gehabt, mit einem Kollegen auf der Arbeit Sex zu haben. Ich fand unsere Service-Uniform ziemlich scharf. Ein paar Kollegen sahen darin echt geil aus. Zum Beispiel Bülent. Oder Roman. Das waren leckere Kerle. Aber sie waren stockhetero. So wirkte es jedenfalls. Es hätte zu viel Mühe gekostet, das Gegenteil zu beweisen. Wollte ich anfangs auch gar nicht. Erst hatte ich fast ein Jahr lang eine Beziehung gehabt, dann war ich frisch verknallt gewesen in Paul. Da geriet die Fantasie vom Sex auf der Arbeit ins Hintertreffen. Aber als Niko zum ersten Mal neben Kostic die Halle betrat, da leuchtete für eine Zehntelsekunde mein Herz auf. Wie der ging, dieser freche, selbstbewusste Segelohrentyp mit der Punkfrisur. Er hatte einen Gang drauf, der machte mich an. So ganz aufrecht, breite Brust, und trotzdem irgendwie lässig und cool. Kraftvoll entspannt. Aber er war mir zu schwul. Nicht vom Aussehen, sondern weil er ein Szenetyp war. Er machte kein Geheimnis daraus, dass er gern ausging und, wenn man seinen Andeutungen glauben konnte, jede Menge Abenteuer hatte. Heute war er mein Rettungsanker. Ich hatte zunächst gar nicht vorgehabt, mit ihm Sex zu machen. Eigentlich reichte unser nettes Quatsch-und-Sauf-Gelage völlig aus, um mich auf andere Gedanken zu bringen. Aber dann bekam ich doch Lust auf ihn. Und weil ich nichts zu verlieren hatte, überwand ich mich, ihm die Nummer im Lieferwagen vorzuschlagen.

Es war echt aufregend. Als wir im Taxi saßen, war ich ganz hibbelig, weil ich die ganze Zeit an den Riss hinten in meiner Hose denken musste. Den hatte ich mir zuvor im Bad schnell mit der Nagelschere reingeritzt. Dass die Hose nun an der Naht aufklaffte und meine Ritze blank lag, machte mich ziemlich scharf. Ich hatte die ganze Zeit einen Halbständer.

Als wir vorm Werkstor standen, ging mir dann doch ganz schön die Klammer, aber bevor ich ihn davon abhalten konnte, hatte Niko schon aufgeschlossen und war aufs Gelände geschlüpft. Danach gab es kein Zurück mehr. Wir waren inzwischen aufeinander eingespielt, darum wurde es schnell verdammt heiß. Wir knutschten heftig rum. Ich konnte kaum abwarten, endlich seinen Schwanz anzufassen. Er hatte einen wirklich geilen Schwanz, schön dick und groß. Die Vorhaut störte mich nicht. Paul war ja auch unbeschnitten. Niko fing zu stöhnen an, als ich mein Lutschmaul zum Einsatz brachte, und ich bekam

Angst, dass uns jemand hören könnte. Drinnen im Lieferwagen war es mir dann egal. Der Kerl sah so geil aus in der schwarzen Kluft mit den Shorts und den Stiefeln, dass ich mich gar nicht sattsehen konnte. Wir ließen uns Zeit. Schließlich fesselte ich seine Arme an die Bordwand, richtig fest. Er war wehrlos und ausgeliefert, ich konnte mich einfach an seinem geilen Schwanz bedienen. Der schmeckte super und stand wie eine Eins. Mein Arsch sehnte sich nach diesem geilen Fickschwanz. Also nichts wie ran. Ich brauchte mich nur umzudrehen und ihn mir reinzuschieben. Niko ließ mich machen. Das war prima, denn genau das wollte ich. Ihn benutzen. Als Dildo. Als Toy. Als geiles Spielzeug. Und sei es nur hier und jetzt, für diesen einen Fick.

Wir ahnten wohl beide, dass sich so eine Situation nicht wiederholen würde, darum genossen wir sie in vollen Zügen. Ich konnte es in seinen Augen sehen, an seinen Bewegungen spüren. Wir schaukelten auf derselben, geilen Superwelle.

Auch als später ich ihn fickte, blieb das so. Wir sprachen bei alledem kein Wort. Aber ich verschlang ihn mit Blicken. Und er mich. Wir leckten, küssten und streichelten gegenseitig jede Stelle unserer Körper. So nah hatte ich mich noch nie einem anderen Mann gefühlt. Dass ich diese Intimität ausgerechnet mit einem Kollegen erlebte, dem ich jeden Tag bei der Arbeit begegnete, kam mir wie ein Geheimnis vor. Wie geheime Daten, die nach unserer Begegnung für alle Zeiten gelöscht werden mussten. Solche Gedanken hatte ich beim Sex mit Niko im Lieferwagen, weil er so was wahnsinnig Besonderes war. Doch dann war er vorbei.

Der Laderaum hatte sich ganz schön aufgeheizt durch unser Gerangel. Wir waren beide völlig fertig, atmeten schwer und machten beim Anziehen immer wieder Pausen. Obwohl ich spürte, dass es ein Fehler war, bot ich Niko an, noch mit zu mir zu kommen und bei mir zu übernachten. Er überlegte eine Weile. Anfangs dachte ich, er wollte lieber seine Ruhe haben und nach Hause in seine eigene Bude gehen, aber dann willigte er ein.

Um frische Luft zu schnappen und ein bisschen abzukühlen, gingen wir schweigend ein paar Straßenzüge weit zu Fuß nebeneinanderher, bevor wir doch noch ein Taxi anhielten, das uns zu mir brachte. Ich fand es schön, Niko bei mir zu haben. Wir redeten nicht mehr viel, zogen uns aus und legten uns zueinander, streichelten einander noch ein bisschen, beide entkräftet, entspannt, ermattet. Ein paar Küsse, dann schliefen wir ein.

Am nächsten Morgen, wachte ich als Erster auf. Als ich mein Handy aktivierte, das die ganze Nacht stumm gestellt gewesen war, hatte ich drei Anrufe von Paul und vier Messages: »*Ruf mich an bitte*«, »*Sorry mein Schatz bitte lass uns reden*«, »*Bitte ruf an. Love Paul*«, »*Meld dich, wenn du nicht mehr sauer bist. Vermisse dich!*«

Warum konnte er nicht einfach verschwinden, der Arsch? Heute jedenfalls würde ich mich nicht melden, ich war viel zu durcheinander. Mein Blick fiel auf den schlafenden Typen neben mir. Nein, er war nicht der Grund für meine Verwirrung. Die Nacht mit ihm hatte einfach nur gutgetan, ohne böse Nachwehen. Niko räkelte sich und sah blinzelnd zu mir hoch.

»Morgen«, gähnte er und rieb sich die Augen mit den Handballen wie ein kleiner Junge.

»Guten Morgen«, erwiderte ich gut gelaunt.

Danach war alles ganz ungezwungen. Wir gingen nacheinander ins Bad, zogen uns an, ich kochte Kaffee. Sowohl von ihm als auch von mir gab es ein paar kurze, höchst beiläufige Bemerkungen über die gestrige Nacht, aber keine Zärtlichkeiten, von kleinen Berührungen abgesehen. Ich erklärte Niko, dass ich mittags zu meinen Eltern müsste. Er nickte: »Kein Problem.«

Das war's. Er erzählte nicht, was er selbst vorhatte. Ich hakte auch nicht nach. Es war eine Erleichterung, dass er auch kurze Zeit später beim Abschied nicht insistierte. Keine Fragen, kein »Wie soll das jetzt weitergehen mit uns?« Nur ein Kuss und ein beiderseitiges »Schönen Tag noch«. Es fühlte sich richtig gut an.

Paul versuchte an diesem Sonntag noch zweimal, mich zu erreichen. Aber ich ging nicht ran. Ich musste mich erst mal sortieren. Das fiel mir bis jetzt noch schwer. Und ich hatte auch Schiss davor. Immer dieses Denken …

Montags war ich noch keinen Schritt weiter, hatte aber immerhin prima geschlafen, war am Vorabend einfach eingepennt. Mir war klar, dass ich Paul nicht ewig ignorieren konnte. Wir mussten uns treffen. Am besten gleich heute. Dann würde ich ja sehen, was sich ergab.

Durch mein inneres Durcheinander hatte ich ganz vergessen, dass ich an diesem Tag einen Neuling einarbeiten sollte. Als ich ins Büro kam, wartete Kostic schon mit ihm auf mich: »Ah, Herr Hamid, da sind Sie ja. Das ist Ihr Schützling Herr Kaya.«

Ein frisch wirkender, netter Kerl streckte mir mit breitem Zahnweiß-Lachen die Hand entgegen: »Hallo.«

Ich nahm den Handschlag mit einem stummen Nicken entgegen. Überrumpelt wie ich war, passte es mir ganz gut, dass Kostic sofort anfing, seine üblichen Anweisungen herunterzubeten: Macht kein Scheiß beim Parken. Vorm Abliefern jeden Aufkleber nochmal überprüfen, ob es auch das richtige Paket ist. Nur Personen die Sendung überlassen, die euch eigenhändig die Tür aufgemacht haben. Zustellkosten sofort kassieren. Und so weiter.

Während dieser altbekannten Litanei konnte ich den Neuling unauffällig inspizieren. Er war Mitte, höchstens Ende zwanzig. Ein paar Zentimeter größer als ich, vielleicht eins dreiundachtzig. Guter Body. Tolle Oberarme, noch dazu von großflächigen Tattoos in Schwarz überzogen, der linke Arm war komplett von oben bis unten tätowiert, bis auf die Hand. Geile Armbanduhr, richtig fett, schwarz und cool. Die dunklen Haare kurz und brav, die Augenbrauen wirkten gezupft, aber das stand ihm gut. Der hatte schöne Augen, dieser Neuling, dunkel und tief, irgendwie Vertrauen erweckend. Er wirkte überhaupt nicht nervös, hörte sich in entspannter Haltung alles an, sagte nur ab und zu »Ja«. Die Mühe machte ich mir gar nicht mehr. Kostic wusste auch so, dass er sich auf mich verlassen konnte.

Niko sah ich nur kurz. Wir grüßten uns, aber dann war er auch schon im Laderaum verschwunden. Ich ging mit dem Neuen zu meinem Wagen. Als ich die ersten Erklärungen losließ, lachte er und streckte mir erneut die Hand hin. »Erst mal: Ich heiß' Emre.«

Ich fühlte mich ertappt. Da war ich wohl wirklich etwas zu schnell zur Tagesordnung übergegangen. »Sorry«, lachte ich entschuldigend zurück. »Tarik.«

Er hielt meine Hand so lange fest, bis wir direkten Blickkontakt hatten. Erst dann ließ er wieder los. Das hatte nichts Sexuelles, es kam mir eher vor wie ein Männerritual. Na ja, von mir aus! Jetzt, wo wir uns anständig vorgestellt hatten, kam Emre zum Geschäftlichen, wollte dies und das wissen, wenn auch ohne Übereifer. Seinen Schnuppertag hatte er hinter sich, nun begann seine zweiwöchige Einarbeitungsphase. Das hieß zumindest für die ersten Tage, dass ein erfahrener Kollege bei ihm mitfuhr. In diesem Fall ich. Meine Tour übernahm solange jemand anders. Für mich war das eine nette Abwechslung. Ich war froh, dass Kostic mich gelegentlich für diese Aufgabe abstellte.

Mit Emre machte es richtig Spaß. Er war gesprächig und witzig, aber keine Quasselstrippe oder Rampensau, und er hatte eine schnelle Auffassungsgabe. Das erleichterte die Arbeit. Der Tag verging wie im Flug. Als ich nach der Arbeit nach Hause fuhr, entschied ich mich gegen ein Treffen mit Paul. Auch Niko zu sehen, hatte ich keine

Lust. Stattdessen schwirrte mir unweigerlich dieser Emre im Kopf herum. Ich musste grinsen. Jetzt dachte ich schon über drei Männer nach. Was war bloß los mit mir?

Es fing ganz harmlos an. Am nächsten Tag schlug Emre mir beim Fahren immer wieder scherzhaft auf den Schenkel, wenn er eine lustige Geschichte erzählte. Auch beim Ausladen berührten wir uns ständig. War das normal? Hatte ich es bei anderen Kollegen nur nicht wahrgenommen? Doch dann lag seine Hand einen Tick zu lang auf meinem Schenkel, sodass ich Emre überrascht ansah. Er guckte zurück. Diesmal hatte der Blickkontakt nichts mit Geschäft oder Männerritual zu tun. Keine Frage: Es knisterte zwischen uns.

Emre lächelte unsicher und wollte seine Hand wegziehen, aber ich hielt sie fest, schob sie auf meinen Schenkel höher in Richtung Schritt. Nicht ganz ohne Risiko, so eine Aktion bei laufender Fahrt, denn Emre musste dafür seitlich über die Mittelkonsole greifen, während er gleichzeitig lenken und den Verkehr im Auge behalten musste. Aber ihn schien das nicht zu stören. Im Gegenteil. Statt die Hand wegzunehmen, ging er frech an meine Beule. Nervös flogen seine Augen zwischen Straße, Rückspiegel und mir hin und her. Dabei funkelten sie begierig. Seine Finger strichen über meine Hose, fingen an, meinen Schwanz zu massieren, der langsam anschwoll. So was war mir noch nie passiert, nicht mal ansatzweise. Dass ein Typ einfach so an mir rumfummelte. Am helllichten Tag. Obendrein auf einer Dienstfahrt. Noch vor ein paar

Wochen – ein paar Tagen! – wäre es für mich völlig undenkbar gewesen. Was war bloß los?

Ich wollte mich gerade wehren, als Emre urplötzlich rechts ranfuhr und die Karre parkte. Geschickt hatte er einen freien Parkplatz gewählt, obwohl wir hier nichts zu erledigen hatten. Noch während er mit einer letzten Korrektur beschäftigt war, den Außenspiegel im Visier sagte er: »Wir gehen hinten rein, okay?«

Mann, war ich geplättet. Der Kerl überraschte mich mit seiner dreisten Art komplett. Wenig später waren wir zusammen im Laderaum zwischen den ganzen Kartons. Emre schob mich an die Seitenwand, schmiegte sich an mich, sein Mund suchte meinen, gierig, übereilig, er küsste mich wie ein Verdurstender. Mir ging das zu schnell. Ich bremste ihn, was gar nicht so einfach war. Der Kerl war größer und stärker als ich, wollte nicht von mir lassen, doch ich nahm seinen Kopf so fest zwischen meine Hände, bis er schließlich stillhielt. Er sah mich fragend an. Irgendwie verunsichert. Das berührte mich. Mir war klar, dass es ihn Mut gekostet hatte, einen derart eindeutigen Vorstoß zu machen. Zwar war ich nicht sein Vorgesetzter, aber immerhin derjenige, der die Verantwortung trug während seiner Einarbeitung. Das, was wir vorhatten, konnte uns beide den Job kosten. Trotzdem hatte er es darauf angelegt, daran gab es keinen Zweifel.

Die Wärme seines Körpers hatte längst meine Sinne geweckt, der Blick in seine Augen erzeugte einen regelrechten Sog. Ich musste ihn einfach küssen. Er erwiderte den Kuss, sanfter jetzt, beherrschter. Er verstand, dass ich eine gemächlichere Gangart bevorzugte. Mühelos passte er sich an, ließ seinem rasanten Tempo die sanfte Verführung folgen. Der Mann wusste, wie er bekam, was er wollte. Es war unmöglich, sich seinen geilen sinnlichen Küssen und geschickten Händen zu entziehen. Mein Schwanz wurde steif und es wurde eng in meiner Hose.

Seine Hände schlüpften unter mein Shirt, fuhren zärtlich über meine nackte Haut, während ich meinerseits Emres breiten, nackten Rücken streichelte. Der Kerl fühlte sich sensationell an. Unter seiner samtig weichen, warmen Haut spannten sich kräftig trainierte Muskeln. Dazu verströmte er ein Aroma, das geradezu magische Wirkung auf mich hatte. Es entspannte mich, lullte mich ein, machte mich völlig gefügig. Ich wollte mehr davon. Vorsichtig zog ich Emre das Shirt über den Kopf, hob seinen Arm und ließ meine Nase in seine dicht behaarte Achsel eintauchen. Wow! Das war purer Moschus. Ach was, viel besser noch. Der Duft-Cocktail überspülte meine Rezeptoren mit dem Gefühl, nach Hause zu kommen. Ich war überwältigt, konnte das erst gar nicht einordnen. Wie in Trance sah ich zu, wie Emre Kartons zur Seite schob und Platz schuf, genug Platz, damit wir uns auf den Boden legen konnten. Keine Ahnung, wo er auf einmal die Wolldecke herhatte, die er auf der Antirutschmatten ausbreitete. Ich selbst hatte im Wagen noch nie eine Decke gesehen. Zusätzlich schaffte er es scheinbar mühelos, mich und sich auszuziehen, unsere Shorts und Unterhosen abzustreifen und in die Ecke zu werfen. In meiner Verwirrung kam es mir vor, als würde das alles gleichzeitig passieren. Jedenfalls waren wir am Ende beide nackt bis auf die Stiefel. Emre kam – mit dickem, langem und knallhartem Schwanz – zu mir, umarmte und küsste mich. Es war der Wahnsinn. Seine Hände waren überall und seine Berührungen überschrieben alle meine Sinnesprogramme mit Lust. Nun war er es, der in meine Achseln tauchte und meinen Dunst tief einschnaufte – ein tiefes Brummen von sich gebend, dessen Vibration, so schien es mir, seinen ganzen Leib in Schwingung versetzte.

Er drückte mich sanft, aber bestimmt nach unten. Mit einer Hand schnappte ich mir seinen Schwanz, strich über den harten Schaft, die beschnittene Vorhaut und die pralle Eichel. Mehrfach spuckte ich rauf auf das geile Teil und schmierte damit meine Handgriffe. Schließlich saugte ich an der Eichel und schluckte ein paar Zentimeter. Ein paarmal ließ ich die Spitze der köstlichen Latte in meinem Mund ein und ausfahren, dann half Emre nach und griff mich im Nacken. Unerbittlich fuhr der Schwanzkopf tiefer, presste sich durch meine Gurgel, hielt kurz inne, dann, noch ein letztes Stück, und ich hatte den Schwanz bis zum Anschlag drin.

Emres lautes Stöhnen hallte durch den Laderaum, aber weder ihn noch mich interessierte in diesem Moment, ob unser Schnaufen nach außen drang. Ich ließ mich ins Maul ficken, gurgelte und grunzte, war so schwanzgeil, dass ich nicht genug kriegen konnte. Erst als Emre einen Schritt zurücktaumelte und dabei schützend die Hand über sein bestes Stück hielt, hörte ich auf. Als ich zu ihm hochsah, begriff ich, was los war. Er war offenbar nah dran, musste sich darauf konzentrieren, nicht abzuspritzen. Sein Gesichtsausdruck schwankte zwischen verkniffenen Grimassen und verschwörerischem Grinsen in meine Richtung. So ließ er mich teilhaben an seinem Kampf gegen den Spermadruck. Darum hielt ich mich zurück, auch wenn ich es nicht lassen konnte, seine Beine zu streicheln. Sie waren kräftig und behaart und hätten jedem Fußballer Ehre gemacht. Nachdem sich Emre wieder einigermaßen beruhigt hatte, küsste und leckte ich sie. Er ließ mich eine Weile gewähren, dann zog er mich hoch und küsste mich wunderbar geil. Seine Lippen wanderten über meinen Hals zur Brust zum rechten Nippel. Zärtlich knabberte er daran, ging über zum linken dann den Bauch abwärts. Schon war sein Mund an meinen Eiern. Er spielte damit, nass und geschickt, schleckte hoch zum Schaft, lutschte sich meinen Schwanz schon beim ersten Versuch komplett rein. Während er mich kräftig saugte, wanderten seine Hände nach oben, und er bearbeitete mit geschickten Fingern und leichtem Druck meine Brustwarzen. Nun war es an mir, laut zu stöhnen vor Wohlgefühl.

Er zog mich runter auf die Decke, legte sich auf mich, rieb seinen kräftigen Körper, seinen dicken, harten Schwanz an mir. Sein lüsterner Blick brannte sich förmlich in meine Augen, glühend, fordernd, geil. Ich spreizte die Beine, ließ den harten Prügel in meine Ritze fahren, kam ihm mit dem Becken entgegen. Mein Loch wollte die Eichel finden, drängte darauf, gestopft zu werden. Ein Schwung seiner Hüfte und er drang ein. Aber nur kurz. Das pralle Teil entglitt sofort wieder. Voller Gier, das geile

Gefühl länger und vollkommener zu erleben, wippte ich erneut mit dem Becken. Diesmal drang der Schwanz tiefer. Sehr viel tiefer. Wir waren beide derart in Fahrt, dass es sofort bis zum Anschlag ging, wir konnten das nicht steuern. Keuchend bäumte ich mich unter dem Stoß auf, aber da war es schon passiert.

Emre hielt mich fest, aber regte sich nicht, bis sich der erste Schmerz gelegt hatte. Dann fing er an. Mit kleinen, langsamen Stoßbewegungen, die allmählich kräftiger wurden. Sein harter Schwanzbohrer lockerte nach und nach mein Gewebe, verschaffte sich Raum, brachte meine Nervenenden zum Kochen. Schon bald wollte ich noch mehr. Ich drängte meinen Hintern Emres Körper so flehentlich entgegen, dass er sofort verstand. Er holte weiter aus und knallte seinen Prügel in harten, langen, ausdauernden Stößen im mich rein. Mann, war das ein Ficker! Es war nicht nur seine ungezügelte Muskelkraft, die mich bei jedem Stoß erbeben ließ, er verzauberte mich auch mit seinen Augen, seinen Händen, seinem schönen Gesicht. Es war, als würde er mich wirklich, mit jeder Faser seines starken Körpers lieben. Sein Geruch, der mich einhüllte und sich mit meinem eigenen vermischte, machte mich schwindelig. Wir schwebten auf einer Wolke aus geiler Männerlust.

Jeden Stoß empfing ich mit einem Stöhnlaut, jede wuchtige Erschütterung ließ mich erschauern. Ich gab mich völlig hin, vergaß sogar zu wichsen, genoss einfach nur den harten Schwanz, der mich ausfüllte und meinen Arsch zum Glühen brachte.

Als Emre plötzlich aus mir rausflutschte, blieb mir kurzzeitig die Luft weg. Doch er nahm mich nur, drehte mich mit ein paar geschickten Handgriffen auf den Bauch, rückte mich zurecht, packte meine Hüften und drang sofort wieder ein. Vor Erregung völlig außer Atem ließ ich willig alles mit mir machen, folgte seiner Führung und streckte ihm meinen Hintern entgegen, um ihm das Eindringen zu erleichtern. Der Hengstschwanz pflügte in schnellem Tempo meinen Arschkanal, die fetten Eier klatschten zwischen meine Beine, Emres Stöhnen wurde zu einem ächzenden Knurren, seine Kraft überwältigte mich, riss mich mit, machte mich zum willenlosen Spielzeug, bis er mit einem unterdrückten Schrei, einem verbissenen Ächzen, in mir abspritzte.

Der ganze Vorgang hatte mich dermaßen gefesselt, dass mein eigener Orgasmus völlig aus dem Fokus geraten war. Zu geil war das Gefühl im Arsch gewesen. Nun, nachdem Emre gekommen war, kippte ich einfach nach vorne, flach auf die Decke, völlig fertig wie nach einer extremen Kraftübung. Mein Schwanz war mir egal. Ich fühlte mich auch ohne abgespritzt zu haben vollkommen befriedigt. Auch Emre sank nieder. Sein Körper lastete schwer auf mir, aber es war schön. Ich ertrug seine Last mit Wonne.

»Wow«, raunte Emre mir ins Ohr. »Das hat gutgetan. Du bist der Wahnsinn.«

»Du auch«, war alles, was ich sagen konnte, noch immer außer Atem, zumal es mir schwerfiel, mit diesem Koloss auf mir drauf richtig Luft zu kriegen. Wir waren schweißnass, von oben bis unten. Das Profil der Antirutschmatte wurde durch die Decke hindurch spürbar. Als es anfing, unbequem zu werden, rollte Emre von mir runter, hebelte mich auf die Seite und drückte sich erhitzt und nassgeschwitzt wie er war an mich. Seine Augen strahlten mich an, bevor er mich küsste, so sanft und gefühlvoll, dass es mir beinah zu viel war. Doch bevor sich ein Übermaß an Zärtlichkeit breitmachen konnte, fuhr seine rechte Hand meinen Rücken hinab, in die Ritze, an mein immer noch glühendes Loch. Er umspielte es mit den Fingern, ließ sie eindringen, rührte in der schlüpfrigen Spermanässe. Dann zog er sich zurück, führte seine Hand an meinen Mund und grinste herausfordernd. Die Drecksau! Ich schnupperte an der Samensoße. Der sporige Geruch machte mich total an. Sofort wurde ich wieder geil und fing an zu wichsen. Und während ich Emres Sperma von seinen Fingern leckte, zwischen Küssen und einem Nachschlag, den der versaute Kerl aus meinem Loch schöpfte, für meine Verhältnisse überraschend schnell, kam ich zum Höhepunkt.

Der Himmel wusste, wo Emre plötzlich das Handtuch herzauberte. Klein wie es war, hatte er es vielleicht in weiser Voraussicht in der Hosentasche gehabt, ohne dass es mir aufgefallen war. Aber egal. Ich nahm es dankbar entgegen, wischte mir den Schweiß vom Gesicht und das Sperma von Brust und Bauch. Dann gab ich es ihm zurück. Auch Emre versuchte, so gut es ging, sich abzutrocknen, aber das war zu viel Körper für viel zu wenig Handtuch, sodass das Ding schon komplett durchnässt war, bevor er auch nur ansatzweise trocken war. Trotzdem zog ich es anschließend durch meine Ritze, um zumindest die gröbste Sauerei aufzufangen. Der ganze Laderaum stank wie ein Puff.

Emre stand auf und half mir, hochzukommen.

»Ich schätze, wir werden heute ein bisschen länger brauchen für unsere Tour«, sagte er, während er seine Shorts über die Stiefel zog.

Ich lachte. »Ja, gut möglich, verdammt.«

Da lachte auch er. Wir sahen uns an. Zwei Männer, die gerade Sex miteinander gehabt hatten. Und trotzdem fühlte es sich für mich nicht schlechter oder besser an, als wenn wir uns nur freundlich die Hand geschüttelt hätten. Wir konnten einfach weiterarbeiten, lachen, Witze machen. Das war nicht blöd oder schlimm oder schräg. Es war gut. Und irgendwie ganz natürlich.

# Die Zwei-Bier-Situation

Diesmal entdeckte ich die Sendung glücklicherweise schon beim Einladen.

Dorian Jurkovitsch. Klar, das war er. Die Adresse stimmte auch.

Natürlich hatte ich mich immer noch nicht bei ihm gemeldet, also bestellte er mich wieder dienstlich ein. Umgehend meldete sich mein schlechtes Gewissen. Es wollte mit Entschuldigungen besänftigt werden: Ich hatte ihm nichts versprochen; Es waren keine Liebesschwüre ausgetauscht worden; Mehr als ein schönes Abenteuer war nie der Plan gewesen.

Bilder von Tarik funkten in mein Hirn. Wie war es mit dem? Wollte ich von ihm mehr?

Doch dies war nicht der richtige Zeitpunkt, um über sowas nachzudenken. Ich musste überlegen, wie ich einer Begegnung mit Dorian aus dem Weg gehen konnte. Erst wollte ich Tarik fragen, ob er die Sendung für mich übernimmt. Für ihn bedeutete das zwar einen zeitraubenden Umweg, aber er hätte es gemacht. Allerdings musste er diese Woche einen Neuen einarbeiten. Wenn ich es richtig beobachtet hatte, tat er das nur zu gerne. Der Neue war auch ein echt geiler Typ, ein richtiger Hetero-Hengst. Na ja, Tarik konnte ich jedenfalls abschreiben für den Job.

Ich fragte Roman, einen anderen Kollegen, aber der lehnte freundlich ab: »Sorry, Kumpel, aber ich muss heute pünktlich zu Hause sein, sonst gibt's Stress.«

Auch bei Sergeij hatte ich kein Glück. Blieb nur noch … Ach, Scheiß drauf, was sollte das Theater? Ich würde Dorian das Paket einfach selbst vorbeibringen und fertig. Es gab keinen Grund, mich zu rechtfertigen. Fest entschlossen hievte ich die letzten Sendungen auf den Rollcontainer, karrte ihn zum Wagen und lud ein.

Als ich vor Dorians Haus parkte, war es schon Nachmittag. Kurz spielte ich mit dem Gedanken, einfach einen Abholzettel in den Briefkasten zu werfen. Aber abgesehen davon, dass das superfeige gewesen wäre, ging das irgendwie gegen meine Berufsehre. Ich war Paketbote und das hier war eine Sendung, die zugestellt werden musste. Ich empfand es als meine Verpflichtung, dieser Aufgabe nachzukommen, auch wenn ich wusste, dass das Quatsch war.

Gerade, als ich klingeln wollte, stürmte ein junger Typ aus der Haustür. Beinahe wären wir zusammengestoßen. Das war dem Kerl ziemlich peinlich.

»Oh, sorry«, meinte er entschuldigend und lachte nett.

»Schon gut«, erwiderte ich mit einem Lächeln und wollte bei Dorian klingeln, woraufhin der Typ stutzte. Er blickte auf das Paket und fragte: »Ist das für Jurkovitsch? Dorian Jurkovitsch?«

»Ja«, antwortete ich knapp.

»Ah, du kannst mir das geben. Ich bring's ihm hoch. Hab' sowieso was vergessen. Was man nicht im Hirn hat …«

Er lächelte mich an und streckte die Hände nach dem Paket aus. Als ich zögerte, setzte er hinzu: »Ich bin sein Bruder.« Dabei sah er mir so freundlich und vertrauensvoll in die Augen, dass ich alle Zweifel über Bord warf und an eine Fügung des Schicksals zu glauben begann. Diesen Bruder musste mir der Himmel geschickt haben. Ich scannte den Code ab, drückte ihm das Paket in die Hand, sagte »Prima, danke« und sah zu, dass ich wegkam. Mann, was ich doch für ein Glück hatte!

Zwei Tage später kam raus, dass ich mich zu früh gefreut hatte. Kostic rief mich gleich morgens ins Büro und erzählte, dass ein Kunde um Klärung eines Zustellvorgangs gebeten hatte. Es ging um eine Rechnung über eintausenddreihundert Euro für ein Laptop mit Zubehör, das ihm angeblich geliefert worden war. Und zwar vor zwei Tagen. Von mir. Als Kostic Dorians Namen vorlas, wurde mir richtig schlecht. Ich erklärte die Situation genauso, wie sie sich abgespielt hatte, wenn auch ohne die persönliche Vorgeschichte. Kostic wurde fuchsteufelswild.

»Menschenskind, Herr Wagner, das ist doch der älteste Trick der Welt. Das wissen Sie doch. Wie oft habe ich jedem hier eingebläut, keiner Person, die nicht eigenhändig die Tür aufgemacht hat, eine Sendung zu überlassen!«

Ich schwieg betreten und hörte mir reumütig an, wie schwierig es war, die Summe von der Versicherung erstattet zu bekommen, was das für ihn, Kostic, an lästigem Papierkram nach sich ziehen würde, dass er sich ganz schön was würde einfallen lassen müssen, um einigermaßen glimpflich aus der Sache rauszukommen, und so weiter. Es war eine Katastrophe.

»Und das alles nur, weil Sie so ein verdammter Dummkopf waren!«, endete die Standpauke nach zehn Minuten. Mit diesen Worten entließ mich mein Chef in die Schicht. Ich war geknickt. Aber auch froh, dass die Kollegen schon alle weg waren, und das Drama nicht mitbekommen hatten, auch wenn die Sache sowieso schnell die Runde machen würde, daran bestand kein Zweifel.

Nach alledem fiel es mir schwer, mich auf meinen Job zu konzentrieren. Mechanisch ordnete ich Pakete nach Stadtvierteln und Straßen, ertappte mich aber mehrfach bei Fehlern. Als ich endlich fertig war und aus der Halle fahren wollte, summte mein Handy. Dorian! Ich hatte zugegebenermaßen Schiss, mit ihm zu sprechen. Aber es wäre dämlich gewesen, die Sache hinauszuzögern, also atmete ich tief durch und ging dran. Er fing schon an zu reden, bevor ich mich gemeldet hatte, und klang wirklich verzweifelt: »Verdammt, Niko, kannst du mir mal erklären, was los ist? Ich kapier' überhaupt nicht, was hier vorgeht.«

»Das war echt crazy«, antwortete ich ausweichend und wusste nicht recht, was ich sagen sollte. »Ich hab' selbst keine Ahnung, wie das passieren konnte.«

»Wo soll ich bloß die Kohle hernehmen?«, kam es leise von Dorian. Schluchzte er? Weinte er?

»Bist du daheim?«, fragte ich, plötzlich entschlossen.

»Ja«, antwortete er.

»Okay, ich komm vorbei. Wir kriegen das schon wieder hin.«

In den letzten Worten schwang eine Zuversicht mit, die mich selbst überraschte.

Aus Pflichtbewusstsein oder um Zeit zu schinden, lieferte ich auf dem Weg noch ein paar Sendungen aus, doch schließlich stand ich wieder vor Dorians Haus – mit flauem Magen, genau wie vor zwei Tagen, aber mit noch schlechterem Gewissen. Als ich oben war und klingelte, machte ich mich auf das Schlimmste gefasst. Ich erwartete bittere Vorwürfe. Gründe dafür gab es ja genug. Doch stattdessen ging die Tür auf, Dorian fiel mir um den Hals, stammelte Entschuldigungen und wirkte total zerknirscht. Das verwirrte mich, aber ich versuchte erst mal, ihn zu beruhigen. Stupide spulte ich die Beteuerungen ab, die ich mir auf der Fahrt zurechtgelegt hatte. Dass sich alles klären würde. Dass er sich keine Sorgen wegen der Kohle machen brauchte, weil das ein Fall für die Versicherung sei. Dass ich ein Idiot war, und dass es mir alles furchtbar leidtat.

Als ich meinen Vortrag beendet hatte, fing Dorian an zu reden. Ziemlich unzusammenhängendes Zeug. Es dauerte eine Weile, bis ich mir sein Gestammel zusammenreimen konnte. Das Einzige, was ich sicher verstand, war, dass der Vorschlag von Kostic, die Geschichte über die Versicherung abzuwickeln, von wegen verlorener Sendung und so, leider zu spät gekommen war, weil bereits die Polizei Kenntnis von der Sache hatte. Die Anzeige gegen Unbekannt lief bereits.

»Moritz hat gesagt, ich soll das machen«, erklärte Dorian kleinlaut.

Das änderte einiges. Es war klar, dass die Angelegenheit mich nun noch viel direkter betraf als vorher. Die Polizei würde mich als Zeugen befragen, vielleicht hatte ich mich sogar selbst strafbar gemacht, und meinen Job konnte mich das Ganze sowieso kosten, denn nun war meine Dummheit kein internes Ärgernis mehr, sondern ein amtlicher Fehltritt.

»So eine Scheiße«, dachte ich laut.

Schlagartig war es mir nicht mehr möglich, mich um Dorians Gefühle zu kümmern. Zwar war ich nicht sauer auf ihn, und bedauerte den Mist, den ich verzapft hatte, nach wie vor in erster Linie seinetwegen, aber ich tat mir auch selbst mächtig leid. Ich wollte einfach nur weg von ihm, hatte den dringenden Wunsch, allein zu sein, noch mal mit Kostic zu reden oder wenigstens mit einem Kollegen, der meine Lage nachvollziehen konnte. Mit ein paar letzten Beschwichtigungen und eindringlichen Beteuerungen, dass ich an der Misere schuld war, flüchtete ich aus der Wohnung und rannte wie ein Gejagter die Treppen runter.

Im Auto rief ich Tarik an. Er ging schon nach zweimal Klingeln ran. Mit knappen Worten erklärte ich ihm, was passiert war, aber er hatte sowieso schon davon gehört. Ich fragte ihn, ob wir uns nach Feierabend treffen könnten, um zu reden. Betretenes Schweigen.

»Was ist?«, hakte ich nach. Merkte er nicht, dass ich ihn brauchte?

»Ich kann nicht«, meinte er leise. »Ich bin heut bei meinem Freund.«

Freund? Was denn für ein Freund? Von dem hatte er noch nie was erzählt. Es kam mir vor, als hätte sich die ganze Welt gegen mich verschworen.

Wie ein Cyborg arbeitete ich den Rest meiner Schicht ab, ohne dabei je weiter zu denken als bis zum nächsten Auftrag – von einer Adresse zur anderen, von einer Zustellung zur nächsten. Erst wurde es Nachmittag, dann Abend, doch ich hatte jegliches Zeitgefühl verloren. Ich funktionierte nur noch. Erst, als auch das letzte Paket ausgehändigt war und ich zurück zur Halle fuhr, drängten die Gedanken an die Ärgernisse vom Vormittag zurück in mein Bewusstsein.

Als ich am Fuhrpark ankam, war es schon fast zehn Uhr. Kostic war natürlich längst weg. Auch von den Kollegen war keiner mehr zu sehen, was meine ohnehin schlechte Laune noch tiefer sinken ließ. Doch dann, gerade als ich die Türen meines Wagens verriegelt hatte und abhauen wollte, hörte ich aus einer Ecke Geräusche.

Es war der Kollege, der aus Kenia kam. Wie hieß er noch? Für Kostic war er »Herr Mwangi«, aber sein Vorname war … Genau, Jabari. Er war ungefähr zeitgleich mit mir eingearbeitet worden, trotzdem hatten wir uns immer nur kurz gesehen, und nie mehr als ein paar Worte miteinander gesprochen. Aber er war sympathisch. Ich war froh, ihn zu sehen.

»Hi«, grüßte ich ihn. Die Antwort war ein herzliches, ein wirklich tolles Lachen, das mich sofort aufmunterte. Ich fragte, ob er schon gehört hatte, was passiert war.

Er nickte und blickte betroffen zu Boden: »Ja, hab' ich. Schöne Scheiße.«

»Die Sache geht bestimmt vor Gericht«, sagte ich verzagt.

Jabari stutzte: »Warum? Läuft da eine Anzeige?«

Ich nickte. Jabari nahm sein Cap ab und rieb sich den Nacken. Trotz meiner gedämpften Stimmung konnte ich nicht umhin festzustellen: Die pechschwarzen Dreadlocks waren echt sexy. Auch sonst taten mir Jabaris Anteilnahme, seine mitfühlenden Blicke und Gesten unheimlich gut.

»Willst du ein Bier?«, wollte er wissen. Als ich fragend die Stirn runzelte, deutete er mit dem Daumen auf seine Karre und erklärte, dass er welches im Auto hatte. Das war eine unerwartete, aber willkommene Einladung. Vielleicht hatte sich ja doch nicht die *ganze* Welt gegen mich verschworen.

»Ja, gerne«, nickte ich, folgte ihm zum Wagen und stieg auf der Beifahrerseite ins Führerhaus. Tatsächlich hatte Jabari dort eine Kühltasche deponiert. In einem Loch zwischen Fahrersitz und dem Doppel-Beifahrersitz, wo bei in meinem Crafter die Mittelkonsole störte. Die Tasche enthielt vor allem die Grundnahrungsmittel aller Zusteller: Energy-Drinks und Wasser. Doch auch zwei Dosen kaltes Bier waren dabei.

»Für besondere Fälle«, erklärte Jabari lachend.

»Die da wären?«, fragte ich scherzhaft. Es fiel ihm nicht schwer, etliche Situationen aufzuzählen, nach denen er sich im Stress des Alltags ein Bierchen genehmigt hatte. Lauter typische Paketboten-Geschichten, nichts Sexuelles. Er brachte mich zum Lachen, schaffte es, mich auf andere Gedanken zu bringen. Schon nach ein paar Schlucken ging es mir besser.

»Siehst du«, sagte er mit feierlicher Stimme und erhobenem Zeigefinger. »Hab' ich mir doch gleich gedacht, dass auch in deiner Situation ein Bier guttun würde.«

»Oh, ja«, stimmte ich zu, »das ist schon beinah eine Zwei-Bier-Situation. Und du kennst noch nicht mal die Hälfte der Geschichte.«

Ich fühlte mich so wohl mit Jabari, dass ich ihm ohne Scheu von der Vorgeschichte zwischen Dorian und mir erzählte. Keine Ahnung, warum. Eigentlich spielte sie für die aktuelle Situation keine Rolle. Aber ein bisschen eben doch. Schlussendlich wäre der ganze Schlamassel ohne sie vielleicht nie passiert. Jabari hörte schweigend zu, aufmerksam. Manchmal nickte er zustimmend, manchmal auch ermunternd, wenn ich zögerte, gewisse Dinge auszusprechen.

»Liebst du ihn«, fragte er ernst, als ich fertig war.

»Nein, ich glaub' nicht.«

Mehr fiel mir dazu auch nicht ein. Ich hatte noch nie darüber nachgedacht.

»Aber es tut dir leid, wie du dich verhalten hast. Und es tut dir leid, dass er jetzt deinetwegen die Rechnung für den Laptop am Hals hat.«

Ich nickte, weil er recht hatte.

»Na und?«, meinte er leichthin. Ich sah ihn erstaunt an, aber er begegnete meinem Blick ernst und ruhig. »Gib ihm einfach das Geld.«

Mir blieb die Spucke weg, doch er redete schon weiter. »Gib ihm die Kohle, gib ihm die eintausenddreihundert Euro. Dann hat er wenigstens in dem Punkt keinen Schaden.«

Ich schwieg immer noch, angestrengt bemüht, den Gedanken nicht reflexartig weit von mir zu weisen.

»Es ist doch nur Geld«, fügte Jabari hinzu.

»Nur Geld?«, schnaubte ich mit einem Lacher, obwohl mir eigentlich nicht nach Scherzen zumute war. »Ich bin total pleite, wo soll ich so viel Geld hernehmen?«

»Lass dir was einfallen«, sagte Jabari schlicht. Wieder dieser Blick, offen, ehrlich, vertrauenswürdig. Ein Blick, der mich nachdenklich stimmte, aber auch ermutigte. Ich nickte. Es ging mir tatsächlich wieder besser, viel besser sogar.

Als Jabari eine Hand auf meinen Arm legte, zuckte ich unwillkürlich zusammen. Nicht vor Schreck, eher weil die Wärme seiner Finger wie ein Lauffeuer vom Arm auf meinen ganzen Körper überging.

»So einer wie du«, meinte er, und seine Stimme klang belegt, »dem fällt doch bestimmt was ein.«

Dann war die Hand wieder weg. Aber sie zögerte ganz

kurz. Ein Summen zitterte durch meinen Kopf. Auf einmal sah ich Jabari mit ganz anderen Augen, diesen schönen, sexy Dreadlocks-Mann. Wie ferngesteuert näherten sich unsere Köpfe einander. Wie gebannt beobachtete ich, wie sein Gesicht näherkam. Erst als seine Lippen meinen Mund versiegelten, schloss ich die Augen. Es war ein kurzer Kuss. Doch als wir uns danach ansahen, war es, als würden wir uns zum ersten Mal sehen.

»Ich hab' gar nicht gewusst, dass du …«

Noch bevor ich zu Ende gesprochen hatte, nickte Jabari: »Doch, bin ich.«

Ich streichelte seine Wangen, die glattrasiert und ganz zart waren, konnte mich gar nicht sattsehen am Gesicht dieses Kerls, der so unerwartet zu meinem Verbündeten geworden war. Seine dunklen, seelenvollen Augen, die markanten Brauen, die kräftige breite Nase, der sinnliche Mund, alles an ihm war schön. Er küsste meine Handfläche und meinen Unterarm, dann kam er hoch und unsere Lippen trafen sich erneut. Diesmal knutschten wir richtig. Mit Zunge. Er küsste nass und heiß. Anfangs schmeckte er ein bisschen nach Bier, aber schon bald schmeckte ich nur noch ihn. Die Zweier-Sitzbank ließ sich nach hinten kippen. Jabari tat es und beugte sich sanft über mich. Er küsste meinen Hals, ließ seine Hände unter mein Shirt gleiten, streichelte meine Brust und meinen Bauch.

Ich griff in seine Dreadlocks, fühlte ihre weiche Struktur in meinen Handflächen, fuhr über den Hals, den Rücken, unters Shirt. Überall warme, weiche Haut. Schweigend, unter andauernden Küssen zogen wir unsere Shirts aus.

Er legte sich auf mich. Wir knutschten und streichelten einander. Überdeutlich konnte ich die Verdickung in seiner Hose spüren, die sich an meiner eigenen steifen Beule rieb.

Jabari war unheimlich geschickt. Mühelos richtete er sich auf, öffnete meinen Gürtel und zog mir die Arbeits-Shorts runter. Seine Hände strichen über meinen Schwanz, der sich prall in der Unterhose abzeichnete. Seine Augen strahlten mich an und er lächelte erfreut.

»Großer Schwanz«, raunte er anerkennend, um gleich darauf sein Gesicht in meiner Unterhose zu vergraben, sich an ihr zu reiben, die Nase unter die Eier im Baumwollstoff zu schieben, genuss- und geräuschvoll zu schnüffeln, und dann mit Lippen und Zunge den Schwanzschaft durch den Stoff hindurch zu liebkosen. Ich stützte mich mit den Ellbogen auf dem Sitz ab, sah Jabari dabei zu, wie er meinen Ständer befreite, ihn ableckte, an der Eichel saugte und schließlich mein dickes Teil Stück für Stück schluckte, immer tiefer.

Mein Schwanz fühlte sich wie auf Wolke sieben in dem weichen, warmen Lutschmaul. Jabari saugte meinen Kolben gleichmäßig und kraftvoll ab. Gleichzeitig spielte er mit einer Hand an meinen Eiern. Mit jedem Niederstoßen seiner Lippen schwappte das Wohlgefühl tiefer in meine Eingeweide, sodass ich mich entspannte und völlig hingab, mich zurücklegte und ihn einfach machen ließ. Es war zu schön.

Als ich merkte, dass mein Saft stieg, wollte ich den Höhepunkt unbedingt hinauszögern und versuchte, Jabari zu stoppen. Doch statt darauf einzugehen, steigerte der Kerl sein Tempo, saugte schneller und intensiver, hörte nicht auf, bis ich abspritzte. Als ich kam, hatte ich längst aufgehört, mich zu wehren. Stattdessen genoss ich den heftigen Orgasmus. Es gab nichts anderes als dieses geniale, geile Gefühl. Fünf-, sechsmal krampfte sich mein Körper zusammen, während Jabari meinen Schwanz im Mund behielt, sich den Saft reinspritzen ließ und den schlaffer werdenden Schwengel bis auf den letzten Tropfen aussaugte.

Minutenlang schwebte ich in einer Zwischenwelt aus reiner Lust, die zu verlassen mir heftig widerstrebte. Jabari ließ mir Zeit, blieb still, streichelte lediglich sanft meinen Bauch und entließ meinen Schwanz nur sehr langsam aus seinem warmen Paradies. So hielt das Nachglühen lange an. Es war wunderbar.

»Junge, du hast es aber echt nötig gehabt«, grinste Jabari, als ich mich schließlich aufrichtete und benommen den Kopf schüttelte, um wieder klarzuwerden.

Ich musste lachen: »Ja, sieht so aus, was?«

»Ich bin beinah ersoffen«, meinte Jabari und schmatzte genussvoll. Dann kam er hoch und wir küssten uns. Ich merkte sehr wohl, wie zärtlich er war, dass er Rücksicht nahm auf meine postorgastische Empfindlichkeit. Doch ich zeigte ihm mit einem gezielten Griff an seine dicke Beule, dass meine Sinne schnell wieder erwachten. Er trug immer noch Shorts. Anscheinend hatte er bisher nicht mal gewichst. Nun, wenn er so selbstlos sein konnte, konnte ich das auch.

Also kippte ich nun ihn nach hinten. Da er der Fahrersitz weniger Platz bot, lehnte sein Oberkörper halb an der Seitentür, aber das störte nicht. Jabaris Brust schmückte kurzes, krauses Haar, das ich streichelte, bevor ich mich über ihn beugte, an seinen Nippeln leckte und knabberte. Das schien dem Kerl zu gefallen. Er stöhnte leise, legte einen Arm hinter den Kopf und schloss die Augen. Die dunkel behaarte Achselhöhle, die männlich, hormongetränkten Duft verströmte, war wie eine Einladung. Sie lockte mich so sehr, dass ich mein Gesicht in der Höhle vergrub und das Aroma tief einsog, bis ich regelrecht high war.

»Magst du das?« Jabaris Frage klang wie ein tiefes Knurren. Das machte mich noch geiler.

»Oh, ja!«, stimmte ich stöhnend zu. Die Antwort war ein dreckiges Lachen. Wir küssten uns erneut, wild und leidenschaftlich. Gleichzeitig versuchte ich, seine Gürtelschnalle zu öffnen, aber es gelang mir nicht. So löste ich den Kuss, konzentrierte mich auf die Schnalle, bekam sie endlich auf und konnte die Shorts runterziehen, wobei ich die Unterhose gleich mitnahm. Steif und stramm sprang mir sein Schwanz entgegen. Beinah schwarz war er, dunkler als die Haut am restlichen Körper. Nicht so lang wie meiner, aber dafür dicker. Die Eichelspitze ragte rosafarben aus dem dunklen Hautmantel hervor wie eine verlockende feuchte Frucht. Ich stürzte mich sofort darauf und saugte daran. Reichlich Vorsaft strömte in meinen Rachen, auf meine Zunge. Ich ließ ihn mir genüsslich schmecken. Dann leckte ich unten am Schaft entlang, ließ die Latte auf meiner Zunge wippen. Jabaris Eier waren dick und rasiert. Leckere Kugeln, an denen ich nur zu gern lutschte. Der Kerl brummte vor sich hin, während sein fetter, schwarzer Schwanz vor Geilheit zuckte. Ich genehmigte mir eine weitere Ladung Vorsaft, dann nahm ich mehr von dem Prügel ins Maul. Jabari kam mir mit sanften Beckenstößen entgegen, trieb den harten Dübel tiefer. Ich hielt dagegen. Das fette Teil war eine derartige Herausforderung, dass ich eine Hand zu Hilfe nehmen musste. Abwechselnd wichste und blies ich den dicken Kolben, ließ mich ein paarmal richtig tief in die Kehle ficken oder fickte ihn mir selbst rein. All das machte mich schon wieder so scharf, dass ich mir mit der freien Hand selbst einen runterholte.

Bald wurde der Takt von Jabaris knurrenden Stöhnlauten schneller und sein Schwanz schwoll merklich an. Rasch schob ich meine Lippen wieder über die fette Eichel und lutschte staccato so gut ich konnte, bis heiße Samensoße auf meine Zunge sprudelte. Ich saugte und saugte, genoss das geile Zeug, registrierte erregt die schiere Menge, kam mit dem Schlucken kaum nach. Noch während Jabaris fetter Spender sich in mir entlud, spritzte auch ich nochmals ab. Erneut mit solchem Druck, dass ein paar Ladungen in hohem Bogen Richtung Beifahrersitz schossen.

»Ach, Mist!«, fluchte ich scherzhaft, starrte auf meine tropfende Hand und versuchte zu erkennen, wo der Rest meines Spermas gelandet war. Es musste ja nicht unbedingt sein, dass in seinem Dienstfahrzeug Wichsspuren klebten. Jabari las meine Gedanken, gluckste belustigt, machte Licht und hob die Kühltasche hoch. Und da hingen sie: glänzend, schleimige Spuren meines Lustglibbers. Wir mussten beide laut lachen.

Eine Weile blödelten und knutschten wir noch herum, dann aber mussten wir wohl oder übel ein paar Handgriffe tun, um unsere Schicht am nächsten Morgen vorzubereiten.

»Danke«, sagte ich, als wir uns zum Abschied noch mal küssten.

Jabari grinste: »Unser Service – Immer. Überall. Zuverlässig.«

Nie war der Slogan unseres Unternehmens auf offenere Ohren gestoßen als in diesem Moment auf meine.

»Darauf komme ich bestimmt zurück«, antwortete ich und meinte es auch so. Dieser Mann war Wellness pur, von innen und außen. Ich wollte unbedingt, dass er mich mal fickte.

# Sex mit dem Ex

Mein Kismet wollte es, dass am nächsten Tag meine Vertretung ausfiel und ich meine Tour wieder selbst fahren musste. Für Emres weitere Einarbeitung wurde ein anderer Kollege eingeteilt. Das verhinderte eine Wiederholung unseres Abenteuers im Laderaum. Mir war das ganz recht. Ich hatte nämlich vor, es nochmal mit Paul zu versuchen. Seine ständigen Messages und Anrufversuche sorgten dafür, dass ich beinah ununterbrochen an ihn dachte, außerdem war es längst überfällig, dass wir miteinander redeten.

Wir trafen uns auf neutralem Terrain. Zum Essen. Beim Italiener. Wir bestellten Pizza. Paul sah umwerfend aus. Einfaches weißes T-Shirt, Jeans, Sneakers. Schon beim ersten Anblick merkte ich, dass ich ihm längst vergeben hatte. Meine Gefühle für ihn waren eindeutig: Ich war verliebt. Insgeheim konnte ich kaum erwarten, ihn endlich meinen Eltern und Geschwistern vorzustellen – als meinen Freund, meinen Lover. Die würden staunen, wenn sie ihn sahen.

Es schien ganz selbstverständlich, dass wir kein Wort

über unseren Streit oder den Grund dafür verloren. Vielmehr verhielten wir uns, als ob nichts passiert wäre und wir uns noch gestern in bestem Einvernehmen voneinander verabschiedet hätten. Paul flirtete mit mir und brachte mich mit seinen üblichen Witzen zum Lachen. Fand, ich sähe »Oh, là, là« aus. Verwirrte den Kellner, indem er nach Essstäbchen fragte.

Meinte, als ich Pizza Salami bestellte, mit einem vielsagendem Blick in seinen Schritt, ich könnte meine Salami auch am Stück haben.

Mich amüsierte das alles wie am ersten Tag. Ich war richtig aufgedreht und hatte keine Lust, den Abend mit dem Wälzen von Beziehungsproblemen zu verderben. Paul schien ähnlich zu empfinden. Schnell war klar, dass wir beide kein Dessert wollten, sondern so schnell wie möglich zahlen und zu ihm. Die zwei Gläser Rotwein, die ich in der Aufregung ziemlich schnell getrunken hatte, befeuerten meine Lust, endlich mit Paul allein zu sein und mit ihm Liebe zu machen.

In seiner Wohnung angekommen, fackelten wir nicht lange. Wir knutschten uns durch den Flur ins Schlafzimmer und rissen uns schon auf dem Weg dorthin die Klamotten vom Leib. Er landete mit dem Rücken auf der Matratze und hatte schon einen Halbständer. Ich legte mich bäuchlings zwischen seine Beine. So konnte ich seinen Schwanz perfekt wichsen und lutschen. Wie hatte ich das geile Teil vermisst. Gierig erntete ich den Vorsaft aus dem Hautmantel, bevor ich die Eichel freilegte und mit spitzer

Zunge umspielte. Doch ich saugte nur kurz daran, ging stattdessen direkt über zu den Eiern in ihrer tiefhängenden Hauthülle. Abwechselnd nahm ich die dicken Kugeln in den Mund, zog sachte den Sack lang. Eine ganze Weile beschäftigte ich mich mit den prallen Dingern. Paul quittierte es mit einem geilen Stöhnen, wurde dann aber immer ungeduldiger und zog mir seinen nunmehr beinharten Prügel übers Gesicht. Schließlich gab ich nach und schob mir die leckere Saftlatte ins Maul. Sie schmeckte so vertraut wie eine Leibspeise. Ich verschlang sie hungrig, saugte gekonnt daran. Meine Kehle ließ den dicken Schwanz mühelos eindringen. Es fühlte sich an, als ob sie für ihn geschaffen wäre, so gut tat dieser Deep-Throat-Fick.

Wir trieben dahin auf einer Welle aus Lust, wälzten uns quer durchs Bett, leckten und streichelten uns überall, bis Paul erneut auf dem Rücken lag, während ich rittlings meinen Hintern auf seinen Ständer schob, den ich zuvor ordentlich eingespeichelt hatte. Das Teil flutschte einfach rein, war sofort drin. Ich stützte mich auf Pauls Schenkeln ab und rotierte mit dem Becken, konnte den dicken Rührstab spüren, hielt ihn mit meinen Muskeln fest, um ihn dann mit Auf-und-ab-Bewegungen zu reiten. Leise stöhnend genoss ich die Vereinigung von Schwanz und Arschfotze. Pauls Gesicht dabei zu sehen, von Lust verzerrt, verschwitzt, die Augen mal weit aufgerissen, dann wieder geschlossen, fand ich toll. Jede meiner Bewegungen rief eine Reaktion bei ihm hervor, genau wie jeder Winkel, in den sein Hengstschwanz rutschte, den Reiz für mich veränderte.

Doch bald wollte Paul die Regie übernehmen. Er stemmte sich hoch, kippte mich nach hinten, spreizte meine Beine und fuhr in mich ein. Ich konnte ein lautes Stöhnen nicht unterdrücken, das Wohlgefühl war zu schön. Seinen großen, harten Schwanz in mir drin zu haben, das war für mich die Erfüllung. Rein und raus fickte er, mal schnell und heftig, mal langsam und gefühlvoll.

Er beugte sich über mich, und wir küssten uns. Meine Rosette umkrampfte den dicken Schaft, wollte auf keinen Fall loslassen, mein Loch wollte weiter gestopft werden. Paul nahm Anlauf und knallte mir seinen Prügel erbarmungslos in den Arsch, hart und schnell. Ich war so geil, dass ich alles tat, um ihm entgegenzukommen. Ich schob mir die Arme unters Becken, hob meine Kiste an, gab mich hin, ließ ihn einfach nur reinficken. Mein eigener Schwanz war mir total egal. Ich war nur noch Fotze.

»Ich komm gleich«, keuchte Paul.

»Ja, komm, spritz ab«, feuerte ich ihn an. Ich wollte unbedingt von ihm besamt werden, sehnte mich schon seit Tagen danach.

Pauls Stöße verlangsamten sich, er stöhnte wie gequält, dann spürte ich, wie sein Schwanz in mir zuckte. Während er abspritzte, fickte er mich mit langen, intensiven Strichen weiter, pumpte mich richtig voll. Ich empfand das Bewusstsein, dass er in mir gekommen war, geiler als jemals zuvor, vielleicht weil wir ein paar Tage lang keinen Sex miteinander gehabt hatten, vielleicht weil es ein Versöhnungsfick war.

Ich war so versunken, dass es mich irritierte, als Paul sich gleich darauf von mir löste, um meinen Schwanz zu lutschen. Im Fickrausch hatte ich gar nicht gemerkt, wie steif mein Kolben war, doch jetzt, wo mein Mann ihn so wunderbar blies, wollte auch ich zum Orgasmus kommen. Eigentlich war immer noch mein Loch das Lustzentrum – es war völlig aufgefickt und tropfte von Sperma –, also konzentrierte ich mich weiterhin darauf. Ich spannte den Beckenboden an, genoss den Gedanken an vorhin, an den spritzenden Schwanz in mir, registrierte wie nebenbei, dass mein eigener Schwanz plötzlich heiße Samensoße vergoss. Er lief einfach über, ohne Vorzeichen. Es war der perfekte Abschluss. Kein ekstatischer Lustkrampf, sondern eine samtweiche Landung.

Paul schleckte das ganze Zeug auf, bevor er mich nass und lustvoll küsste. Ich fischte mir etwas von seinem Sperma aus der Ritze und leckte meine Finger ab, woraufhin wir erneut knutschten und den geilen Geschmack des Zeugs auf unseren Zungen genossen. Er streichelte meine Haare, mein Gesicht, sah mir zärtlich in die Augen.

»Na du?«, raunte er und lächelte mich an. Mit einer Hand umfasste ich seinen Nacken, streichelte ihn, versank dabei in seinen blauen Augen, fragte leise »Na, du?« zurück. Das machten wir manchmal, dieses »Na, du?«. Es war eine Art Liebeserklärung. Auch jetzt.

»Ich bin froh, dass wir wieder zusammen sind. Hab' dich vermisst«, meinte er.

Ich nickte: »Ich dich auch.«

Wir küssten uns. Mehr gab es erst mal nicht zu sagen.

Es gab keine schwulen Saunen und Nikos und Emres mehr, es gab nur noch ihn und mich.

Mit Freude stellte ich fest, dass Pauls Schwanz schon wieder steif war, spürte, wie er an meinen Bauch stieß, denn Paul war noch immer über mir. Ich drehte mich in die 69er, leckte und schnüffelte an seinem Riemen, der nach unserer beider Säfte roch, nach Schweiß und Sperma, nach Mann, genau wie sein dunkler Schamhaarpelz. Wir hatten keine Eile. Während ich in aller Ruhe Pauls dicken Schwanz verwöhnte, tat er bei mir dasselbe. Mein eigener Schwanz war angenehm angesteift, aber noch nicht ganz hart. Mein Loch dagegen signalisierte sofort volle Einsatzbereitschaft, als Paul seine Finger durch meine Ritze zog und erst einen, dann zwei reinschob. Wie elektrische Wellen rauschte die Lust von seinen Fingerspitzen aus durch meinen Leib, und als er mich tief drinnen sanft massierte, kroch ein Glimmen in mein Rückenmark, ein Kribbeln, das mich völlig willfährig machte. Ich schloss die Augen, stöhnte leise, ließ mich dirigieren, herumschieben, auf den Bauch drehen und von Pauls starken Händen an den Hüften hochziehen, bis er meinen Hintern fickbereit vor sich hatte. Vier-, fünfmal rieb Paul seinen dicken Prügel über meinen Steiß. Ich lag entspannt und doch aufs Äußerste erregt da, den Kopf in den Kissen vergraben, den Arsch hochgereckt, und genoss jede Berührung seiner Hände, jede Bewegung seines harten Schwanzes. Erneut spannten sich meine Beckenmuskeln, und ich merkte, wie mein Schwengel pumpte. Ein prüfender Griff bestätigte mir, dass er hart war und von Vorsaft tropfte.

Aber das spielte keine Rolle. Schon wieder – oder noch immer – bündelten sich alle Sinne in meinem Loch. Es schien zu glühen, noch gereizt vom Fick zuvor, aber mehr als bereit für den nächsten. Mein Arsch vibrierte förmlich vor freudiger Erwartung des fetten Kolbens, der seinen Hunger stillen würde.

Butterweich fuhr die Eichel durch den Lochring, schlüpfte ein paarmal rein und raus, bevor der Schwanz tiefer eindrang, noch immer ohne Widerstand. Für mich war es das pure Wohlgefühl. Das blieb auch so. Als der Bolzen drin war, ganz drin, spürte ich noch immer nichts als Lust und Erfüllung. Willig bewegte ich meinen Hintern vor und zurück. Paul hielt dagegen, passte seine Stöße meinem Rhythmus an. Wieder durchspülten wohlige Wellen meinen ganzen Körper. Ich hob den Kopf vom Kissen, stützte mich mit den Armen ab, genoss den Fick jetzt ganz bewusst, wach und aktiv.

Pauls Hände glitten auf meine Schultern, zogen mich fester auf den bockharten Prügel. Tiefer ging nicht. Es war fantastisch.

Wir wippten gleichmäßig gegeneinander, jede Reibung verschaffte uns geile Lust, und von mir aus hätte es ewig so weitergehen können. Doch Paul unterbrach, zog mich hoch, half mir, vom Bett aufzustehen, und drückte mich an die Zimmerwand. Er küsste mich heftig. Ich wollte an ihm runterrutschen, doch er hielt mich zurück. Stattdessen drehte er mich um und schob meine Schenkel auseinander. Ich stützte mich gegen die Wand, machte einen Schritt rückwärts, präsentierte meinen willigen Arsch.

Ah, war das geil, als sein Schwanz in meine Muffe rutschte! So nass war mein Loch, dass es nur so schmatzte unter Pauls kräftigen Stößen.

Nun hatte ich doch das Bedürfnis, meinen Riemen zu wichsen. Er war wach und halbsteif, aber noch nicht voll da, doch es genügten wenige Handgriffe, um ihn auf Touren zu bringen. Fast meinte ich zu fühlen, wie die Geilheit von ihm Besitz ergriff, wie zwischen ihm und meinem Arsch eine Verbindung entstand, die sich nur aus Energie und Lust zusammenzusetzen schien und meinen gesamten Unterleib zu einem heißen, vibrierenden Bündel werden ließ. Weil Paul und ich schwitzten wie die Schweine, unterbrach er die geile Nummer und bugsierte mich hinaus auf den Balkon. Es war eine laue Sommernacht. Dunkel und still lag die Straße unter uns. Die Bäume, die sie säumten, rauschten in einer zarten Brise, von der hier auf dem Balkon allerdings wenig zu spüren war. Ein paar wenige Fenster in der Nachbarschaft waren erleuchtet, aber kein Mensch zu sehen. Es war ungewohnt, so nackt und bloß im Freien zu stehen, doch die kühle Luft tat gut. Ich lehnte mich an die Brüstung, zwischen Pauls begrünte Pflanzkästen. Dort fühlte ich mich geschützt vor Blicken. Paul schmiegte sich von hinten an mich. Die Wärme seines Körpers war angenehm, ebenso seine Küsse auf meinen Hals und den Schultern. Ich schlang seine Arme um mich, drückte sie an meine Brust und atmete glücklich durch. Als sein Schwanz zaghafte Versuche machte, Einlass zu begehren, kam ich ihm nur zu gerne entgegen. Paul nahm eine

Hand zu Hilfe, stach mich an, stieß nach und drang in mich ein. Wir bemühten uns, keine verräterischen Laute von uns zu geben, während er mich fickte, trotzdem blickte ich immer wieder nervös runter auf die Straße, halb hoffend, halb bangend, dass ein einsamer Nachtwanderer uns entdecken und beobachten könnte. Und tatsächlich: Plötzlich bog ein Mann um die Ecke. Ein Hund lief ihm voraus, der hier und da schnupperte, aber dann weitereilte. Der Mann steckte sich eine Zigarette an und pfiff leise nach dem Hund, der daraufhin innehielt und auf sein Herrchen wartete. Intuitiv spürte ich, dass auch Paul den Typ gesehen hatte. Trotzdem hörte er nicht auf, meinen Arsch zu ficken. Die folgende Minute war erfüllt von einer Mischung aus Erwartung, Übermut und von der Gefahr, entdeckt zu werden zusätzlich angefachter Geilheit. Doch der Gassigänger trottete nichtsahnend unter unserem geilen Treiben dahin, achtete nur auf seinen Hund und verschwand schließlich um die nächste Straßenecke.

Erleichtert oder ermutigt durch die Situation, wurden wir nun beide lauter. Ich drückte das Kreuz durch und den Hintern meinem Fickhengst entgegen, stellte die Beine breiter auseinander, damit er mich fester und härter durchbocken konnte. Die Aktion kostete uns eine Menge Schweiß, der aber sofort auf der Haut abkühlte, was der Nummer unterm freien Nachthimmel einen ganz besonderen Sinnesreiz hinzufügte.

Allerdings war die Nacht auch nach dem Balkonfick nicht zu Ende. Paul war in Höchstform und fickte mich drinnen weiter, zwischendurch lutschten wir uns abwechselnd gegenseitig die Schwänze und knutschten unablässig miteinander. Viermal entlud sich Paul in meiner Kiste, und auch ich kam dreimal, bevor unsere Geilheit allmählich einer glückseligen Müdigkeit Platz machte. Inzwischen war es draußen hell. Wir zogen die Vorhänge vor die geöffneten Fenster. Sie blähten sich in der sanft hereinwehenden Luft des Sommermorgens. Die Vögel zwitscherten wie verrückt. Aber in mir war nichts als Ruhe, als ich in Pauls Armen einschlief.

Sonntag. Ich hatte nicht vor, wie üblich bei meinen Eltern aufzuschlagen, darum rief ich sie morgens kurz an und erzählte ihnen etwas von einem Freund, der meine Hilfe bei der Vorbereitung eines Festes bräuchte, was mich den ganzen Tag in Anspruch nehmen würde.

»Welcher Freund?«, fragte meine Mutter.

»Das erklär ich dir später«, antwortete ich ausweichend. Ich hatte ihr noch nie von Paul erzählt. In diesem Moment hätte ich es zum ersten Mal fast getan, doch ich hielt mich zurück, wollte nichts überstürzen. Aber allein der Gedanke fühlte sich wie ein Neuanfang an.

Nachdem ich aufgelegt hatte, sah ich zum Bett. Da lag er, mein Freund. Und der ganze freie Tag vor uns. Ich schlüpfte zurück unter die Decke und kuschelte mich an ihn, wobei er kurz aufwachte. Im Halbschlaf brummte er irgendwas und betatschte mich unbeholfen, dann nickte er wieder ein.

Gegen zwei tranken wir Kaffee. Ich erzählte Paul von

der dummen Geschichte, in der Niko gerade drinhing. Kostic hatte mir – uns allen – beim Bericht über den Vorfall eine saftige Predigt gehalten. Trotzdem war ich der Meinung, das hätte jedem von uns passieren können, auch ihm und mir. Paul schien von der Sache echt betroffen. Auch er konnte nachvollziehen, dass man im Job jederzeit von Betrügern übers Ohr gehauen werden konnte, egal in welchem.

»Ich hoffe, das klärt sich alles«, meinte er mitfühlend. Ich konnte nur mit einem Seufzer antworten und das Beste für Niko hoffen. Wohl um mich abzulenken, wechselte Paul das Thema und berichtete von den neusten Ereignissen in seiner Möbelfirma. Von einem großen Verkaufserfolg bei einem stinkreichen Pärchen, dessen ganzes Haus seine Firma einrichten sollte, und von einer bevorstehenden Sommerparty für Kunden. Ich fand es süß, dass er mich aufmuntern wollte. Allein, dass er es versuchte, machte mich glücklich. Ich war verliebt bis über beide Ohren.

## Lümmelhafte Lieferung

Das Mitgefühl der Kollegen tat mir gut. In den Tagen nach der Hiobsbotschaft kam fast jeder von ihnen mal zu mir, vor der Schicht oder am Ende, und sprach mir Mut zu. Besonders Tarik merkte ich an, dass er ein schlechtes Gewissen hatte, weil er damals nicht eingesprungen war. Er fragte ständig, ob es was Neues gäbe. Das fand ich nett, war aber auch enttäuscht, dass nicht mehr kam. Dass er nicht fragte, ob wir uns mal wieder treffen wollten. Ich sprach ihn aber auch nicht darauf an. Bestimmt war er mit seinem »Freund« beschäftigt.

Ich hatte eine Aussage bei der Polizei gemacht und so gut es ging den Täter beschrieben, seitdem war Funkstille. Die Sache ging nun ihren Weg, ohne dass ich Einfluss darauf hatte. Bei Dorian meldete ich mich nicht, und auch von ihm kam nichts. Er war bestimmt sauer, nicht nur wegen des Geldproblems, das ich ihm eingebrockt hatte. Manchmal grübelte ich über Jabaris Worte nach, über eine Möglichkeit, vielleicht doch die Kohle aufzutreiben und damit meine Schuld gegenüber Dorian zu tilgen. Aber mir fiel einfach nichts ein.

Die Arbeit lenkte mich ab. Ich war froh, jeden Tag meine Tour fahren zu können. Allerdings merkte ich, dass ich nicht ganz der Alte war, denn ich hatte null Bock auf Sex. Irgendwie nagte die Geschichte an meiner Libido und hielt nicht nur meine Laune auf Halbmast. Ich riss meine Schicht wie ein Roboter ab, ging zu Bett, stand auf und arbeitete weiter. Darum dauerte es auch eine Weile, bis ich registrierte, dass der Bengel, dem ich gerade zwei Pakete aushändigte, mich anmachte. Er mochte achtzehn oder höchstens neunzehn sein, hatte in Jogginghosen und Schlabber-T-Shirt die Tür geöffnet und die Sendung entgegengenommen, dann aber noch mal innegehalten, sich die dunkelblonden Haare aus der Stirn gepustet und mich mit einem frechen Grinsen angesehen: »Äh, sorry, aber ich glaub, deine Hose steht offen.«

Ich blickte automatisch nach unten und tatsächlich, ich hatte vergessen, den Reißverschluss zuzumachen. Hastig fummelte ich alles zurecht und bemerkte, dass der Kerl mir schamlos dabei zusah, direkt auf meine Beule starrte.

»Danke«, sagte ich extralaut, worauf er aufschreckte und mir wieder ins Gesicht blickte. Doch er blieb nicht lange eingeschüchtert.

»Immer gerne«, meinte er in einem anzüglichen Tonfall. Wieder dieses freche Grinsen. Ich sah mir den Burschen genauer an. Der hatte was in seinen Augen, das mich regelrecht ansprang. Der war auf Sex aus! Diese kleine Drecksau mit dem hübschen, unschuldigen Gesicht kitzelte meine betäubten Sinne wach. Er war schlank und fast so groß wie ich. Die Haare hingen ihm in die Stirn und über die Ohren bis in den Nacken. Die lange, dünne Hakennase und der breite Mund mit den blassen Lippen ließen ihn vielleicht älter wirken, als er war. Wie bei den jungen Prinzen auf den Ölportraits aus vergangenen Jahrhunderten. Die sahen auch immer furchtbar erwachsen aus. Er hatte keine Schuhe an, stand barfuß vor mir, das fand ich irgendwie sexy.

»Stehst du auf Füße?«

Jetzt war ich es, der aufschreckte. Der Lümmel war ja echt dreist. Ich sah ihn streng an. »Also dann, schönen Tag noch«, verabschiedete ich mich, aber der Kerl hielt mich am Arm fest.

»He, nicht so eilig, jetzt, wo's spannend wird«, meinte er und ließ keinen Raum mehr für Fehlinterpretationen seiner Absichten. Seine Blicke und sein Grinsen waren eindeutig. Ohne dass ich es beeinflussen konnte, merkte ich, dass mein Schwanz sich regte. Ich wusste nichts zu sagen, hatte keine Ahnung, was das hier werden sollte.

»Komm doch nachher noch mal vorbei, wenn du Schluss hast«, übernahm er erneut die Regie. »Ruf vorher an. Ich heiß' Ben.«

»Niko«, antwortete ich mechanisch und war selbst überrascht, wie belegt meine Stimme war, und dass ich einen heißen Kopf bekam. Ich war so überrumpelt, dass ich ohne Widerspruch seine Nummer in mein Handy tippte. Ob ich sie benutzen würde? Mal sehen. Erst mal wollte ich nur weg.

Ben machte einen Schritt ins Treppenhaus – der frische Duft von Shampoo und Duschgel wehte mich an – und hauchte mir ein Küsschen auf die Backe. Dann ging er zurück in die Wohnung, die zwei Pakete unterm Arm, nickte mir noch mal zu und schloss die Tür. Beim Runtergehen musste ich lachen. So ein Früchtchen! Den Gedanken, mich bei ihm zu melden, wies ich weit von mir.

Doch gegen Ende der Schicht ploppte sein freches Grinsen immer öfter vor meinem inneren Auge auf. Ein paarmal griff ich zum Handy, um ihm eine Nachricht zu schicken, legte es dann aber doch wieder weg. Als ich in die Halle einfuhr und aus dem Wagen sprang, winkte mir Tarik mit einem netten Lachen zu. Das freute mich und ich hoffte auf ein Gespräch. Oder mehr. Erst auf den zweiten Blick sah ich, dass er am Telefonieren war. Hingebungsvoll, wie er am Hörer hing, mit einem scheißglücklichen Gesichtsausdruck, war mir sofort klar, dass er mit seinem Kerl sprach, Ach was sollte der Mist! Ich schrieb dem Lümmel von vorhin einfach: »*Kann in einer halben Stunde da sein.*«

Starrte danach aufs Display. Merkte wieder, wie mein Kopf heiß wurde. Hatte ich das Richtige gemacht? Bing. Er hatte geantwortet: »*Geil! Bis gleich!*«

Das war alles. Wobei das »*Geil*« natürlich schon die Richtung vorgab.

Ich hatte keine Lust, vorher noch heimzufahren. Da war so ein Gefühl, dass ich es dann lassen würde mit der Verabredung. Also schwang ich mich so, wie ich war, in Dienstkluft und allem aufs Fahrrad und fuhr los. Unterwegs kämpfte ich mit den unterschiedlichsten Zweifeln, die mich teilweise fast amüsierten. Die paar Tage, in denen ich abstinent gelebt hatte, hatten mich tatsächlich aus der Routine gebracht. Noch vor einer Woche hätte ich keine Sekunde gezögert, den Kleinen flachzulegen. Jetzt dagegen war ich echt nervös, spürte sogar einen Anflug von Angst, nicht in Form zu sein für so ein Abenteuer. Zumal der Typ noch so jung war.

Nach und nach schaffte ich es, mich zu entspannen. Es musste ja nichts passieren. Wenn es nicht klappte, würde ich einfach wieder heimfahren. Ohne weiter nachzudenken, stieg ich vom Rad und klingelte direkt unten an der Haustür. Vergebens wartete ich auf den Summton des Türöffners. Nichts. Gerade wollte ich nochmal klingeln, da stürzte Ben aus dem Haus. Er strahlte übers ganze Gesicht. Für einen Moment dachte ich, er würde mir um den Hals fallen. Doch er bremste ab und baute sich mit Händen in den Hosentaschen vergraben und herausforderndem Blick vor mir auf.

»Und?«, fragte er. »Was jetzt?«

»Ich dachte, wir bleiben bei dir«, sagte ich lahm. Das lief ja nicht so easy, wie ich erwartet hatte.

»Geht nicht. Meine Eltern sind da.«

Ach du liebe Güte. Klar, der wohnte noch bei seinen Eltern. Das hätte ich mir auch denken können. Stattdessen war ich schon neugierig gewesen, wie er so wohnte. Ich fühlte mich wie ein Trottel und gleichzeitig zurückversetzt in die Zeit, als ich selbst noch ein Teenager gewesen war, ständig getrieben vom Freiheitsdrang und auf der Suche nach Fluchtmöglichkeiten vor der Kontrolle der Eltern.

»Okay«, sagte ich schließlich und fasste mir ein Herz. »Willst du mit zu mir?«

»Cool«, meinte er, offenbar zu allem bereit.

»Hast du ein Fahrrad?«

»Klar.«

Es hatte etwas Verschwörerisches, wie wir zwei dann schweigend die halbe Stunde zu meiner Wohnung radelten, mal nebeneinander, mal er hinter mir. Passanten, Autofahrer, andere Radler – keiner konnte uns ansehen, dass wir gleich Sex miteinander haben würden. Und doch hatte ich die ganze Zeit einen Halbständer beim Gedanken daran. Betrachtete mit wachsender Lust seine Gestalt auf dem Fahrrad, seine Arme, seine Hände, sein Gesicht. Es war wie ein Vorspiel. Ben schien ähnliche Gedanken zu haben. Ich merkte, wie er mich musterte, fast wie eine Speisekarte studierte, von oben bis unten. Seine Blicke wirkten scheu, ganz im Gegensatz zu seinem Verhalten vorhin. Hatte er vielleicht doch Muffe, mit mir, mit einem wildfremden Kerl in dessen Wohnung zu gehen?

Ich wischte die Vermutung beiseite, dachte daran, wie frech ich in dem Alter meinen Spaß gesucht und gefunden hatte, völlig angstfrei, und wie schön es immer gewesen war. Warum sollte Ben anders sein?

Es dauerte nicht lange, bis mir klar wurde, dass er nur eine Rolle spielte, etwas übertrieben, damit ich sie auf jeden Fall erkannte. Er spielte mir den schüchternen Unschuldsengel vor, den Ahnungslosen, fragte beinah ängstlich, ob es noch weit sei, und ob wir dann allein wären. Obwohl mir klar war, dass er mich nur verarschte, war ich doch erleichtert, als er mir irgendwann doch schelmisch zuzwinkerte. Alles klar, da war er wieder, der freche Lümmel von vorhin. Darum ging ich auf sein Spiel ein, machte einen auf dominant, ließ beim Dirigieren durch den Verkehr den Älteren, Erfahreneren raushängen, bellte regelrecht Kommandos. Es machte sogar Spaß.

Ich war mir nicht sicher, ob mein Mitbewohner Norbert zu Hause sein würde, aber ich hatte Glück. Er war ausgeflogen. Es gab keinen Grund, es unnötig spannend zu machen, darum führte ich Ben direkt in mein Zimmer, zu meinem Bett mit der unordentlichen Decke, den zerknautschten Kissen und dem Haufen Dreckwäsche davor. Alles echt schlampig. Aber das störte weder ihn noch mich. Wir küssten uns gleich. Der Kerl fühlte sich gut an in meinen Armen, biegsam und gewillt zu gefallen, und ließ sich genial knutschen. Ich packte seinen Knackarsch in der Jeans, worauf er sich an mich drückte, an mir rieb und dabei bestimmt meine Latte spürte, die bereits bockhart war. Auch ich merkte, wie sein steifer Schwanz sich in der Hose aufbäumte.

Wir nestelten uns unter heftigen Küssen gegenseitig den Hosenstall auf und brachten die Bescherung ans Tageslicht. Ben wichste meinen Schwanz mit festem Griff, darum nahm auch ich seinen Geilriemen sofort in die Hand und rubbelte das leckere Ding. Eine gute M, hoch aufgerichtet, sodass ich die prallen Eier im Sack, rasiert und eng unter die Wurzel geklemmt, bestens betrachten konnte. Wie bei der Statue eines geilen Satyrs. Komisch, der Kerl rief in mir seltsame Assoziationen hervor.

Wir wichsten und knutschten und wurden immer wilder dabei, schnaubten heftig und wussten beide, dass wir mehr wollten. Ich war froh, dass Ben von sich aus runterging, konnte es nicht erwarten, dass sein Mund meinen Schwanz berührte. Ben kniete sich hin, strahlte mich an, näherte sich, küsste meine Eichel, leckte mit spitzer Zunge an ihr. Allein der Anblick seiner hübschen Fresse, wie er da an meinem Hengstschwanz knabberte, machte mich superscharf. Die Zunge schleckte den Vorsaft auf, der aus meinem Pissschlitz tropfte, dann verschwand das Gesicht unter mir. Die kleine Drecksau verrenkte den Kopf, züngelte über meine Eier und saugte daran. Kroch tiefer, zwischen meine Schenkel, in meine Ritze. Ich konnte fühlen, wie die geschickte Zunge sich zwischen meinen Beinen zu schaffen machte, immer weiter vordrang, doch ich wollte ihn vorne halten, schob seinen Kopf zurück an meinen Schwanz. Ben grinste mich versaut an, während er seine Lippen über die Eichel schob. Ich grinste zurück und machte leichte, federnde Stöße, worauf er seinen Mund weiter öffnete und mehr vom Schwanz schluckte. Er senkte den Blick, konzentrierte sich jetzt auf den Blowjob, kraulte mir mit einer Hand die Eier und wichste sich selbst mit der anderen. Mein Schwanz war nicht der erste, den er lutschte, das merkte ich deutlich, aber mein Kaliber überforderte ihn dann doch. Nur ungefähr zwei Drittel schaffte er, dann war Schluss. Doch er machte die Niederlage mit Zungenfertigkeit und Hingabe wett, half auch gelegentlich mit der Hand nach. Sehr bald brauchte ich eine Pause, sonst wäre ich gekommen. Also zog ich den

Burschen hoch und küsste ihn. Grub mich durch den Hosenbund an seinen nackten Arsch, jede Backe eine geile Handvoll. Ich zog die drallen Dinger auseinander und fingerte in die Ritze, bis ich an der Rosette war. Ben seufzte, als ich eine Fingerkuppe durch den Lochring schob, und drängte sich noch fester an mich.

»Ich glaub, wir sollten uns mal ausziehen«, raunte ich ihm ins Ohr. Ben fing sofort damit an. Er war so aufgeregt, dass er beim Ablegen der Schuhe beinah hinfiel. Ich musste lachen und fühlte mich plötzlich sehr erwachsen und selbstsicher beim Anblick dieses Kerls, der in der erst noch so cool wirken wollte, und dann wieder so jungenhaft ungestüm war. Da war ich dann doch eindeutig entspannter, obwohl auch ich es kaum erwarten konnte, ihn endlich nackt zu sehen und selbst nackt zu sein. Ich entkleidete mich, ohne ihn aus den Augen zu verlieren, begutachtete die schlanke Gestalt, die sich da aus den Klamotten schälte, den beinah unbehaarten Körper. Als ich ihn im Profil sah, lief mir das Wasser im Mund zusammen. Er hatte einen wirklich satten Knackarsch, richtig runde Halbkugeln. Die Schenkel waren muskulös, ohne massig zu sein. Am Oberkörper war Ben eher ein Hänfling, aber er war ja auch sehr jung. Vor ein paar Jahren hatte ich selbst noch so ausgesehen.

Ich setzte mich nackt auf die Bettkante und grinste ihn an. Er stand vor mir mit seinem aufgerichteten Bockschwanz, unschlüssig, was er tun sollte, denn ich blieb reglos und stumm. Da spielte er eine Art Wahnsinnsanfall, trippelte auf der Stelle wie ein überdrehter Boxer beim

Training, aber die Arme verkrampft an die Körperseiten gepresst, nur die Hände am Zappeln.

»Oh, Mann, ich krieg' 'nen Testosteronschub«, rief er in gespielter Verzweiflung. »Schnell, mach was! Fick mich!«

Wieder musste ich lachen, schnappte das verrücktgewordene Bündel und schmiss es neben mich aufs Bett. Nun kicherte auch Ben. Wir küssten uns, waren aber beide zu erregt, um uns lange damit zufriedenzugeben. Behände drehte er sich so, dass wir uns gegenseitig die Schwänze lutschen konnten. Ich ließ mir seine leckere Saftlatte schmecken und knetete dabei seine Arschbacken. Sein Mund verwöhnte meinen Lümmel ganz wunderbar, und auch ihm schienen meine Blaskünste zu gefallen, während meine Finger bereits Ritze und Rosette erkundeten. Immer wieder drang ich mit einer Kuppe ein und reizte das zuckende Loch. Ben öffnete leicht die Schenkel, um mir besseren Zugang zu gewähren, also löste ich mich von seinem Schwanz, spielte kurz mit den Eiern und schleckte über seinen Damm. Dann weiter zur Rosette. Ich genoss es, sie zu lecken, züngelte ins Loch, machte es nass, richtig nass, merkte, wie sich meine Latte spannte vor Vorfreude, wie sie Bens Maul strapazierte, mehr Reiz forderte … Ich wollte ficken!

Ruckartig drehte ich mich um, packte mir Bens Beine, spreizte sie und dirigierte seinen Knackarsch vor meine Flinte. Ben war genauso erregt wie ich, er keuchte, atmete wie unter Anspannung und bewegte sich ziemlich unkoordiniert, nur sein Schwanz stand souverän wie eine Eins. Ich fand den Einstieg und drückte die Eichel durch den Muskelring. Ben kam mir entgegen, und ich drang in ihn ein. Der Bursche war ein genialer Bottom, ließ sich butterweich auffïcken, wippte zusätzlich mit dem Becken, im Gleichklang mit meinen einsetzenden Stößen. Ich legte mir seine Beine auf die Schultern und beugte mich über ihn, bockte seinen Arsch auf. So konnte ich prima loslegen.

Er keuchte und ächzte, warf seinen Kopf in die Kissen, kam wieder hoch, sah mich mit weit aufgerissenen Augen und brennender Geilheit an, die ansteckend wirkte. Mein Schwanz fickte die schmatzende Arschfotze und wollte nie mehr aufhören. Die Hitze im Körper des leckeren Kerls, die wunderbare, nasse Weichheit in seinem Innern, seine geilen Blicke, das alles peitschte meine Sinne, sodass ich wie im Rausch alle Winkel des Wonnelochs erkundete. Völlig egoistisch fickte ich überallhin, kompromisslos so, wie ich wollte. Ben ging fantastisch mit, ließ sich von meiner Geilheit mitreißen und stöhnte wollüstig dabei.

Erst nach einer ganzen Weile wurden ihm meine Stöße wohl zu hart. Jedenfalls warf er mich ab. Ich war kurz irritiert, aber da turnte der Bursche schon um mich herum, warf mich flach auf die Matratze und nahm rittlings auf mir Platz. Natürlich nicht, ohne sich dabei meinen harten Schwanz in den Arsch zu schieben. Während er in schnellem Tempo seinen Arsch rotierten ließ und an der Schwanzstange auf-und-ab-rutschte, tropfte aus seiner steifen Rübe dickflüssiger Vorsaft, der auf meinem Bauch landete. In meiner Nabelkuhle sammelte sich ein richtiger See des geilen Zeugs, von dem ich eine Fingerkuppe voll auffischte und vernaschte. Lecker!

Das Gefühl, das Ben meinem Schwanz mit seiner talentierten Arschfotze verschaffte, war so genial, dass ich lauter stöhnte, als ich es von mir kannte. Vielleicht sorgte auch der Anblick des Kerls, wie er da so mit Vollständer auf mir ritt, für den Ausbruch. Während er sich auf mir wand und rekelte, war sein Gesicht gerötet, die Haare verschwitzt und verstrubbelt, die Augen glühten, der schlanke, nackte Oberkörper mit den kleinen Nippeln glänzte von Schweiß. Zu allem Überfluss seufzte und stöhnte er selbstvergessen, schloss hingebungsvoll die Augen und ließ sich einfach treiben. Bens geschmeidige Arschfotze lutschte an meinem Schwanz, saugte die Säfte hoch, schaukelte uns beide in Richtung Höhepunkt, mal schneller, mal langsamer, die Pobacken klatschten auf meine Schenkel und rieben sich an ihnen, wenn er mit dem Hintern rotierte, den Hengstprügel bis zum Anschlag in seinem heißen Fickloch.

»Ich komm gleich«, warnte ich. Mit diesen Worten riss ich ihn zurück ins Hier und Jetzt. Erst sah er mich an, als würde er aus einem Traum erwachen, aber er war schnell wieder voll da und begann, sich zu wichsen und die Geschwindigkeit des Ritts zu steigern.

»Ja, komm«, forderte er mich auf. Ich fühlte, wie mein Schwanz noch fester von weichem Fickfleisch umschlossen wurde, wie Ben seine Muskeln anspannte, um mir den ultimativen Lustgewinn zu verschaffen und seinerseits meinen Prügel noch intensiver zu spüren. Beinah unerträglich wurde der Druck. Er staute sich auf und auf, bis ich mich unter Krämpfen und gequältem Keuchen endlich ergoss. Dann stöhnte auch Ben laut auf, und ließ sein heißes Sperma auf meinen Bauch klatschen, während seine Arschmuskeln meine Spritzdüse fest packten und sie ausquetschten wie eine Sahnekremtube. Anschließend sank er über mich, außer Atem genau wie ich, und legte seine verschwitzte Brust auf meine. Die Luft roch nach Schweiß und Sperma und Sex. Ich hatte keine Lust, die köstliche Dunstglocke zu verlassen, sondern schlang meine Arme um den Kerl und drückte ihn an mich. Ich konnte seinen Herzschlag spüren, rasend schnell noch immer, so kam es mir vor, während mein eigener Puls langsam wieder zur Ruhe kam. Bald beruhigte sich auch Ben, entließ meinen Schwengel aus der herrlich weichen Höhle, ließ ihn rausrutschen, scherte sich nicht um den Schwall von Sperma, der aus ihm herausblubberte, streckte sich aus und legte sich lang auf mich, den Kopf auf meiner Brust.

»Kann ich noch ein bisschen bleiben?«, fragte er leise.

»Klar«, antwortete ich. Ich war froh, nicht allein sein zu müssen.

## Versaute Vertretung

Sie müssen heute die halbe Tour von Herrn Wagner übernehmen, Herr Mwangi«, meinte Kostic bei der morgendlichen Einweisung zu mir. »Herr Bloch übernimmt die andere Hälfte. Sprechen Sie sich ab. Das bedeutet leider Überstunden, ich hoffe, Sie können das einrichten.«

Ich hatte Nikos Tour schon ein paarmal gemacht, und die Kohle für die Überstunden konnte ich gut gebrauchen, darum war das kein Ding.

»Was ist denn mit dem Kollegen Wagner?«, fragte ich Bloch, als wir begannen, die Einteilung zu besprechen.

»Hat sich krankgemeldet«, erklärte er emotionslos, dann ging er direkt zur Aufzählung der Straßennamen über und zeigte mit dem Finger auf dem Stadtplan die Abschnitte, die er übernehmen würde. Kein Geplänkel, kein Wort zu viel. Na ja, dieser Bloch war sowieso ein langweiliger Kerl, etwas ältlich und nicht gerade eine Zierde seines Geschlechts. Wir einigten uns schnell, dann ging es ans Einladen.

Unterwegs dachte ich ein paarmal an Niko. Der steckte

ja ziemlich in der Scheiße. Hoffentlich ließ er sich nicht zu sehr runterziehen von dem Mist mit der fahrlässigen Zustellung. Dass er sich krankgemeldet hatte, war kein gutes Zeichen. Zumal er noch in der Probezeit war, wo sich Arbeitsausfälle auf seine Anstellung auswirken konnten, gerade wegen der anderen Sache. Ich wurde nachdenklich. Seitdem wir neulich in meiner Karre rumgemacht und die ganze Fahrerkabine vollgewichst hatten, waren wir kaum dazu gekommen, ein paar Sätze miteinander zu wechseln. Es hatte sich einfach nicht ergeben. Trotzdem fand ich noch immer, dass er ein netter Kerl war, dieser Niko. Und eine geile Sau. Ich hätte nichts dagegen gehabt, noch mal mit ihm rumzuferkeln. Ihm ging es, glaube ich, genauso. »Darauf komme ich bestimmt zurück«, hatte er geantwortet, als ich scherzhaft unseren Firmen-Slogan zitiert hatte. Aber abwarten. Kommt Zeit, kommt Fick.

Nikos Tour und meine überschnitten sich in manchen Gebieten, darum konnte ich einige Bereiche, die mir zugeteilt waren, gut mit meiner Standardroute kombinieren. Gegen Ende des Tages hatte ich sogar etwas Zeit gutgemacht. Endspurt. Ich parkte und packte ein paar Pakete und Päckchen auf die Sackkarre, klingelte am nächsten Haus und übergab die erste Lieferung im Erdgeschoss. Sah wie eine typische Büchersendung aus. Ein älterer Herr nahm sie entgegen. Dann hoch in den vierten Stock zum nächsten Empfänger. Natürlich ohne Aufzug. Die Sackkarre blieb unten, das war kein Problem in der Gegend. Zwei weitere Hauseingänge konnte ich so mit der

Sackkarre gut bedienen. Beim letzten Paket musste ich schon wieder endlose Treppen hochlaufen. Der Empfänger hatte mir unten aufgemacht und die Wohnungstür stand halb offen, aber kein Mensch war zu sehen.

»Hallo?«, rief ich in die Wohnung.

»Ja, komm rein«, hörte ich eine männliche Stimme.

Was sollte das denn? Ich blieb vor der Tür stehen und versuchte es noch mal: »Herr Berndt? Ich hab' eine Sendung für Sie.«

Schritte. Dann erschien ein junger Typ an der Tür. Er sah mich erstaunt an: »Oh. Schon wieder ein Neuer.«

Er sagte das wie zu sich selbst und grinste amüsiert dabei. Ich ging nicht darauf ein. Es konnte dem Bengel doch egal sein, wer die Sendung überbrachte, Hauptsache, er bekam sie.

»Wo ist denn dein Kollege?«, wollte der Kerl wissen, als er das Paket entgegennahm.

Ich stutzte. Was ging ihn das an? Und warum duzte er mich? Ich siezte prinzipiell alle Kunden und erwartete das eigentlich auch von ihnen. Was bildete sich der Typ ein? »Welcher Kollege?«, fragte ich forsch.

»Na der, der sonst hier vorbeikommt.«

»Warum, kennen Sie ihn?«

Er grinste wieder, hatte dabei so einen Blick drauf, mein lieber Mann!

»Ganz gut, würde ich sagen«, meinte er mit einem kecken Augenaufschlag, der viel Spielraum für Interpretationen ließ. Na gut, wenn ich mir den Burschen so ansah, konnte ich mir schon vorstellen, wie Niko auf ihn reagiert haben mochte. Das kleine Luder war irgendwie rattenscharf. Völlig unverfroren, aber dabei echt gutaussehend mit dem dunklen Stoppelhaar und den sexy hellen Augen. Er trug ein ausgeleiertes T-Shirt und Jogginghosen, war schlank und groß, wirkte unheimlich selbstsicher für sein Alter. Höchstens zwanzig war der, wenn überhaupt. Gegen meinen Willen merkte ich, wie ich ihn mit den Augen verschlang und meine Eier schwer wurden. So eine geile Schnitte!

»Willst du reinkommen?«, fragte der Kerl frech.

»Okay«, sagte ich und folgte ihm nach drinnen. Kein Gedanke an ein Risiko, ich war einfach nur noch schwanzgesteuert. Der Bengel führte mich in ein Zimmer und schloss die Tür. Es war ein kleiner Raum. Poster an den Wänden. Überall lagen Sachen verstreut: Klamotten, Game-Station, Sportsachen, sogar eine Gitarre in der Ecke. Das war eindeutig sein Jungszimmer in der Wohnung seiner Eltern. Scheiße, die Eltern! Jetzt kamen sie doch hoch, die Gedanken ans Risiko.

»Ist das auch okay?«, fragte ich vorsichtshalber.

»Ja«, erklärte er. »Meine Eltern kommen erst spät nachts zurück.«

Uff!

»Okay«, gab ich mir selbst das Startzeichen, ging zu ihm hin und schlang meine Arme um ihn, küsste ihn. Zuerst nur sanft mit den Lippen, dann erkundete ich mit meiner Zungenspitze den halb geöffneten Mund, spielte mit seiner Zunge, die mir sofort entgegenkam. Prompt drückte ich den Kerl richtig an mich und küsste ihn leidenschaftlich. Er gab dabei leise, lang gezogene Laute von sich, fast wie ein Singsang. Gleichzeitig fasste er mich überall an, wo seine Hände hinkamen. Natürlich spürte er meinen Ständer in der Hose. Er rieb sich daran wie eine Preisnutte. Das machte mich so scharf, dass ich unsere Knutscherei abbrach, den geilen Kerl nach unten drückte, meinen Reißverschluss aufmachte und meine XL-Keule rausholte. Die kleine Drecksau lachte erfreut auf und nahm das Teil in eine Hand, wichste ein paarmal die Vorhaut rauf und runter, bevor die Zunge über die Safteichel schleckte. Ich klatschte ihm den Prügel ein paarmal auf Stirn und Wangen, dann fütterte ich das weit aufgesperrte Maul.

Der hatte es echt drauf, der Kerl. So wie der ran ging, würde er über kurz oder lang die ganze fette Schwanzwurst schlucken. Ich beobachtete stumm seine ehrgeizigen Versuche. Es machte mich scharf zu sehen, dass er nicht lockerließ, obwohl er ganz schön außer Atem geriet, das Gesicht rot vor Anstrengung und die Augen voller Tränen. Er wollte es unbedingt schaffen, darum half ich ihm und drückte seinen Kopf über das letzte Stück. Ein Ruck, und meine Eichel rutschte so tief in seine Kehle, dass ich mächtig beeindruckt war. Mann, war der Bursche stolz, als er nach ein paar Sekunden mit einem Ächzen die dicke Rübe ausspuckte und mich von unten rauf anstrahlte, die Fresse rotzverschmiert, aber mit glücklichem Lachen. Wieder wichste er meinen Schwanz.

»Geil«, knurrte ich und streichelte ihm anerkennend über den samtstoppeligen Schädel. Und mit einem herausfordernden Grinsen fügte ich hinzu: »Noch mal?«

Er nickte und nahm Anlauf. Schon bei den ersten Schüben schaffte er es, mehr von meinem Prügel schlucken als die meisten anderen Kerle. Richtig geil fühlte sich das an. Er hatte eine geniale Technik, dieser hungrige Frechdachs. Mit ein bisschen Hilfe von mir gelang es ihm erneut, auch das letzte Stück Schwanzfleisch in seine gierige Kehle aufzunehmen. Er schnaubte und sabberte in meinen Schamhaarbusch. Ich hielt seinen Kopf fest an mich gepresst, bis er mir mit den Fäusten an die Schenkel schlug. Erst dann gab ich ihn frei. Danach sah er sichtlich mitgenommen aus. Trotzdem war ihm anzusehen, dass er nicht genug hatte.

»Noch mal?«

Klar wollte er noch mal, ließ sich diesmal sogar prima in die Kehle ficken, richtig deep throat, das bekam ich selten. Nach einer Weile war er dann aber doch fix und fertig, darum gönnte ich ihm eine Pause und schälte ihn aus seinen Klamotten. Lecker, was da zum Vorschein kam. Ich legte ihn aufs Bett. Zuallererst kümmerte ich mich um seinen Schwanz, lutschte das geile Teil, bis es kurz vorm Spritzen war. Dann spielte ich mit den Eiern, was gut ging, weil sie ein Stück weit unten im Sack hingen, sodass ich ohne Probleme dran ziehen und sie in den Mund nehmen konnte. Die Drecksau genoss das merklich, stöhnte geil, als ich mir beide Eier ins Maul schob und fest dran saugte. Sein Schwanz tropfte von Vorsaft, den ich sofort abschleckte. Natürlich erkundete ich mit der Hand schon mal die Ritze. Als ich einen Finger ins Loch schob, merkte ich sofort, dass der Bursche trotz seiner Jugend gut eingefickt war. Mein Schwanz wurde bockhart vor lauter Vorfreude, da hob der Kerl auch schon die Beine und präsentierte mir sein Fickloch ganz ungeniert, fingerte sogar selbst daran herum und stöhnte erregt. Ich nahm seine Beine auf meine Schultern, stieg aufs Bett, rotzte in die Ritze und rieb meinen Prügel entlang der nassen Sauerei. Während ich den Blick des leckeren Kerls fixierte, machte ich ein paar Probestöße, traf auch ein paarmal ins Ziel, stupste meine dicke Eichel in die weiche Körperöffnung, ohne jedoch richtig einzudringen – eine Technik, die selten ihr Ziel verfehlte. Ich liebte es, wenn die Jungs mich nach einer Weile Stupsen anbettelten, endlich loszulegen, sie zu stopfen, zu ficken, durchzunageln. So passierte es auch jetzt. Er wurde immer zappliger, immer fickriger, bis er es endlich sagte.

»Bitte«, kam es leise. »Fick mich.«

Nur darauf hatte ich gewartet. Ich holte aus und ließ meinen Zauberstab einfahren. Der Kerl ging ins Hohlkreuz und jaulte auf, doch ich hatte nicht vor, mich zurückzuziehen, wusste, dass er sich schnell entspannen, und dann nicht genug von meiner dicken, schwarzen Wurzel kriegen würde. Mit ein paar Bewegungen passte er sich dem Pflock in seinem Arsch an. Schon bald atmete er regelmäßiger. Ich konnte fühlen, wie sein Gewebe nachgab, wie es vorsichtig meinen Schwanz abtastete, ihn nach und nach annahm. Dabei hielt ich ganz still, ließ ihn einfach machen. Erst als der Bengel mir mit einem langgezogenen Seufzer zu erkennen gab, dass mein Schwanz ihm Wohlgefühl verschaffte, fing ich an, mit sachten

Stößen der Sache zu mehr Weichheit und Geschmeidigkeit zu verhelfen. Leise Stöhnlaute bestätigten, dass ich auf dem richtigen Weg war. Länger und intensiver wurden meine Striche, bald schlüpfte mein Schwanz mühelos in den Arsch und wieder raus, wie in ein heißes, nasses, maßgeschneidertes Futteral. Es war wunderbar.

Der Kerl kam mir immer mehr entgegen, bockte seinen Hintern gegen meine Stöße, fasste sich zwischen die Beine, wollte mit den Fingern fühlen, wie mein dicker Prügel sein Loch aufriss und stopfte.

»Ist das geil. Ist das geil«, keuchte er und rollte verzückt die Augen, so gut tat ihm der Fick. Es machte Spaß, ihn auf meinem Schwanz tanzen zu lassen. Ich drückte seinen Arsch in alle möglichen Richtungen, drang in jeden Winkel seiner Fickmuffe vor, und der Bursche ging prima mit. Wäre schon Feierabend gewesen, hätte ich die Nummer noch lange hinausgezögert, wäre vielleicht sogar einmal gekommen, um gleich darauf weiterzumachen. Aber das hier konnte nicht ewig dauern. Darum preschte ich los und hämmerte meinen Prügel ins Loch, dass die Arschfotze nur so glühte. Die kleine Drecksau japste und stöhnte und hüpfte auf der dicken Stange herum wie eine Fickpuppe, während ihr Ständer mitfederte und überall klebrigen Vorsaft verteilte. Als die Hitze ihren Höhepunkt erreicht hatte, am Siedepunkt, spritzte ich rein in die höllisch heiße Paradiesfotze. Damit löschte ich aber keineswegs das Feuer des Kerls. Vielmehr rammelte sein Arsch weiter meine spritzende Pumpe, gleichzeitig wichste er. Plötzlich schoss mir ein Spritzer

Sperma auf die Wange, dann traf ein weiterer meinen Mund. Grinsend schleckte ich mir das leckere Zeug von den Lippen und kostete den Geschmack, bevor ich mich runterbeugte und dem Bottom-Bengel die warme Soße mit einem Zungenkuss ins Maul knutschte.

Danach war alles easy, der Typ war echt nett. Ich nahm mir noch Zeit für eine Apfelschorle, die er mir anbot, dabei quatschten wir kurz.

»Bist du immer so direkt?«, fragte ich ihn.

»Ach, ich mach das von der Situation abhängig«, antwortete er nach kurzem Nachdenken.

Ich musste lachen: »Aber du nimmst schon gern das Ruder selbst in die Hand, oder?«

»Kann schon sein«, gab er schmunzelnd zurück. »Warten ist nicht so mein Ding.«

Ich nickte: »Und? Hast du ’nen Freund?«

Ich war selbst überrascht, dass ich das fragte, aber jetzt war es raus.

Er verneinte: »Aber jetzt komm mir bloß nicht mit ›Warum denn nicht? Du siehst doch ganz gut aus, hast ’nen süßen Arsch und so‹.«

Wieder lachte ich: »Oh ja, den hast du.«

Er grinste geschmeichelt, dann meinte er leichthin: »Ich glaub’, ich bin einfach nicht der Typ für Monogamie. Oder für die große Liebe.«

Ich lächelte ihn an und sah ihm zärtlich in die Augen. Der war nett, der Junge.

»Wer weiß …«, schloss ich das Thema ab.

»Ja, wer weiß…«, echote er halb amüsiert, vielleicht auch sarkastisch, ich konnte das nicht recht einordnen. Zeit, zu gehen.

»Ich muss jetzt los.«

Er nickte. An der Tür sagte ich ihm noch meinen Namen und fragte nach seinem.

»Leo«, antwortete er.

»Mach's gut, Leo«, verabschiedete ich mich. Dann ging die Tür zu.

## »Wir sind noch nicht fertig miteinander!«

Mal sehen, ob ich's schaff«, antwortete ich mäßig begeistert, als Tarik mich überraschend für Samstag zu seiner Geburtstagsfeier einlud. Ich hatte von Kostic noch mal eine ernsthafte Ermahnung wegen meines Fehltags bekommen, darum war ich ziemlich unentspannt, machte mir Sorgen um meine Zukunft. Nach Feiern war mir nicht zumute.

»Ach, komm schon«, drängte Tarik und schubste mich kumpelhaft. »Das wird nett. Ohne Familie und so. Nur ein paar nette Kerle.«

»Ich weiß nicht…« Warum wollte er mich unbedingt dabeihaben? Ich grinste ihn an. »Du hast wohl ein schlechtes Gewissen, was?«

»Kann sein«, lachte Tarik. »Aber ich kann mir auch gut vorstellen, dass wer dabei ist für dich.«

Wieder schubste er mich und zwinkerte mir anzüglich zu.

»Na ja.« Ich sah nach unten und beschrieb einen Kreis mit dem Fuß. »Du bist ja wohl inzwischen vergeben.«

»Ja, ich bin vergeben«, erwiderte Tarik mit so einem

ekelhaft glücklichen Schmelz in der Stimme. Scheiße. »Aber ich will trotzdem, dass du zu meinem Geburtstag kommst, denn du bist ein cooler Typ.«

Ich sah ihn an, suchte in seinen Augen immer noch nach … keine Ahnung, nach was.

»Klar?«, fügte Tarik hinzu und hatte dabei einen echt strengen Blick drauf.

Ich gab mich geschlagen: »Okay.«

Mein Lächeln missriet ziemlich. Ich war nicht gut im Schauspielern. Was sollte ich bei dieser blöden Feier, wo er doch jetzt seinen Freund hatte?

»Hast du einen bestimmten Wunsch? Oder gibt's eine Box, wo man was reinstecken kann?«

Erst nachdem ich es gesagt hatte, wurde mir bewusst, wie anzüglich das klang, aber Tarik lachte, ohne darauf einzugehen: »Keine Geschenke. Komm einfach.«

Dann drehte er sich um und ging zu seiner Karre. Und ich zu meiner. Abfahrt.

Während der nächsten Tage erfuhr ich die Details über Tariks Geburtstagsfeier. Ich war davon ausgegangen, dass sie bei ihm zu Hause stattfinden würde, hatte mir schon vorgestellt, wie in seiner Bude meine Erinnerungen an unseren Sex hochkommen würden. Doch dann erfuhr ich, dass der Ort des Geschehens die Wohnung von Paul, seinem Freund, sein sollte. Tarik merkte mir an, dass ich immer noch nicht hundertprozentig entschlossen war, und er scheute sich nicht, mir selbst abseitige Argumente aufzutischen: »Die Wohnung gefällt dir bestimmt. Paul steht auf Möbel. Und er hat einen prima Geschmack.«

Damit meinte er wohl, meine Neugier auf die Wohnungen anderer Leute zu kitzeln. Mir war es inzwischen egal. Ich hatte aufgegeben, mich über seine Hartnäckigkeit zu wundern. Vielleicht war die Einladung einfach nur eine nette Geste ohne Hintergedanken. Ein paarmal dachte ich drüber nach, jemanden mitzunehmen. Tarik hätte sicher nichts dagegen gehabt, aber ehrlich gesagt fiel mir niemand ein. Zumindest keiner, den ich bei sowas dabeihaben wollte.

So stand ich am Samstag kurz nach neun allein vor der Tür dieser Wohnung im dritten Stock eines Altbaus. Fast war ich ein bisschen enttäuscht. Irgendwie hatte ich ein Haus erwartet, eine Villa, davon standen hier in der Gegend ja genug herum. Allerdings war auch diese Bude nicht schlecht, das merkte ich schon beim Eintreten. Paul ließ mich herein. Er begrüßte mich echt herzlich, meinte, er hätte schon von mir gehört und freue sich, mich kennenzulernen. Aha. Er sah gut aus, aber für meinen Geschmack ein bisschen zu geleckt, zu clean. Ich war richtig erleichtert. Nichts ist schlimmer, als auf den Lover eines Freundes scharf zu sein.

Tarik umarmte mich und ließ sich beglückwünschen. Erst danach scannte ich die Männertruppe, die in einer Couchecke zusammensaß. Acht Kerle, von alt bis jung, alle eher lässig schick, meistens Jeans, ein paar sahen ganz gut aus. Sie lächelten zu mir rüber, ich nickte ihnen zu, dann bot mir Tarik auch schon eine Tour durch die Wohnung an. Dabei bewahrheitete sich, was er ein paar Tage vorher angekündigt hatte. Ich musste zugeben, Tariks

Loverboy hatte wirklich Geschmack. Die Wohnung war nicht allzu groß, außer dem Wohnzimmer gab es nur noch das Schlafzimmer und eine Art Arbeitszimmer. Kein Gästeklo, aber ein cooles Bad. Die Einrichtung war männlich – viel dunkles Holz und grob bearbeitete Stein-, Leder-, Stahl- und Glasoberflächen. Aber es war nicht steril. Eher unaufgeräumt. Es lagen überall Sachen rum, die mir zeigten, dass Paul kein Style-Fetischist war: zerfledderte Zeitschriften, Klamotten, sogar ein voller Aschenbecher stand auf dem neongrünen Acryltisch neben dem Bett im Schlafzimmer. Ich machte keinen Hehl daraus, dass mir die Hütte gefiel, darum präsentierte Tarik auch kleine Details wie die indirekte Beleuchtung, die die weißen Wände in verschiedenfarbiges Licht tauchte. Echt schick.

Als wir zurück zu den anderen kamen, war ich schon wesentlich entspannter als zuvor. Paul drückte mir einen Gin Tonic in die Hand, den er eigenhändig gemixt hatte.

»Ist das okay?«, fragte er mit einem netten Lächeln.

»Klar, danke.« Ich prostete ihm zu und trank einen Schluck. Steife Mischung, genau richtig. Dann machte ich ihm ein Kompliment für die schöne Wohnung, und wir plauderten miteinander, sprachen plötzlich über Autos, ein Thema, das mich genauso interessierte wie die Einrichtung anderer Leute. Ein anderer Kerl kam dazu. Er war schon etwas älter – ich schätzte ihn auf Anfang oder Mitte dreißig – und stellte sich als Carlo vor. Ein Typ mit rasiertem Schädel und sehr maskulinem Auftreten, breite Brust und so, gute Ausstrahlung, und vor allem ein guter Body. Trotz eines leichten Bauchs war bei ihm alles in

Form, das merkte ich an seiner Haltung und der Art, wie er sich bewegte. Auch die Stimme gefiel mir, bassig und laut. Carlo lachte viel und zeigte dabei blitzweiße Zähne. Das machte mich irgendwie an. Beim dritten Drink redete ich immer noch mit ihm, während Paul schon längst woanders war. Zwischendurch stellten sich andere Freunde von Tarik zu uns, alle wirklich nett, aber ich kam einfach nicht von Carlo weg. Nach einer Weile registrierte ich auch, woran das lag: Er flirtete mich an. Noch bevor sich diese Erkenntnis gesetzt hatte, fragte er plötzlich, ob ich eine Erfrischung wollte. Ich konnte mir denken, was er damit meinte, und nickte. Carlo ging voraus, ich folgte ihm ins Bad, und er schloss die Tür ab.

Kaum hatte sich der Schlüssel im Schloss umgedreht, drängte Carlo mich an die Wand, und ehe ich mich's versah, küsste er mich. So was Ähnliches hatte ich mir schon die ganze Zeit vorgestellt, sogar erhofft, darum war ich nicht lange überrascht, sondern erwiderte seine Küsse. Er trug Hemd und Jeans und sein Körper fühlte sich richtig gut an. Geschickt machte er meinen Hosenstall auf und holte meinen Schwanz heraus, der schon steif war, packte fest zu und wichste ihn langsam, aber kräftig.

»Nicht schlecht«, meinte er anerkennend und grinste wieder. Dann half er mir, seinen eigenen Prügel aus der Jeans zu fummeln. Das war echt nicht einfach, weil das Teil bockhart und lang und dick war. Vom Kaliber wie meins, aber doch ganz anders, krumm in einer schwungvollen Kurve und mit einer viel dickeren Eichel. Nun war es an mir, anerkennend zu grinsen: »Du musst reden.«

Carlo drückte mich sanft runter. Ich kniete mich hin, nahm den warmen Krummsäbel in die Hand und züngelte ein paarmal um die Eichel, schmeckte die glatte Schwanzhaut, schob meine Lippen über sie und kitzelte mit der Zunge die Stelle unten, wo das Bändchen spannte. Der Kerl schmeckte gut. Ich nahm mehr von ihm ins Maul, über die Gurgel in die Kehle, spürte die Krümmung, aber nur als Besonderheit, nicht als Hindernis. Es ging prima. Nach ein paar Anläufen konnte ich die dicke Schwanzwurst bis zum Anschlag schlucken. Das heizte dem Kerl ein. Er begann, mich richtig ins Maul zu ficken, hielt meinen Kopf fest und knallte mir seinen Prügel rein. Natürlich wurde ich bei der geilen Sauerei genauso scharf wie er und wichste meine Latte heftig.

Carlo öffnete seinen Gürtel und zog sich die Hosen runter. Ich half ihm dabei, ohne von seinem Schwanz zu lassen. Der Kerl hatte geil behaarte Beine. Auch Sack, Bauch und Brust waren von dichtem, schwarzem Pelz bedeckt. Außerdem roch und schmeckte er überall sensationell. Ich streichelte und leckte ihn überall, wo ich hinkam. Er forderte mich auf, noch mal die Maulfotze zu machen, und ich tat ihm nur zu gerne den Gefallen. Dann zog er mich hoch, knutschte mich ungestüm und fingerte in meine Ritze, an meine Rosette, in mein Loch. Es war mehr als bereit, das merkte die geile Sau natürlich sofort. Er grinste mich dreckig an.

»Mmhh«, brummte er und schob den Finger ein Stück tiefer.

Ich grinste zurück und wehrte mich nicht, als er mich

umdrehte, gegen die Wand stellte und mir die Hosen runterriss. Er knetete meine Backen. Dann spürte ich seine Zunge. Warm und weich strich sie über mein Loch, wieder und wieder, dann kitzelte ihre Spitze den Eingang, drückte sich durch. Ich war schon auf einen ausgiebigen Zungenfick gefasst, doch Carlo ging wieder hoch und sorgte mit kurzen Tritten gegen meine Füße dafür, dass ich meine Beine breiter stellte. Seine dominante Art gefiel mir. Ich streckte ihm einladend meine Kiste hin, hörte, wie er ausspuckte, fühlte, wie er die Spucke auf mein Loch schmierte und einen Finger reinschob. Dann war sein Kopf neben meinem Gesicht, sein aufgeheizter Körper an meinem Rücken und sein dicker Schwanz an meinem Fotzenloch. Langsam, ganz langsam, drückte er ihn rein, bohrte mich auf, knackte einen Widerstand nach dem anderen. Ich war viel zu geil, um Schmerz zu spüren, zwang mich, ruhig zu atmen und nahm Zentimeter für Zentimeter von seinem Schwanzprügel auf. Noch bevor er ganz drin war, begann Carlo mit Fickstößen. Schnell wurde die Sache geschmeidiger, saftiger, und er konnte Stück um Stück tiefer eindringen. Er hielt mich an den Hüften und fickte genussvoll, ohne Hast oder große Anstrengung. Ich konnte seinen Atem fühlen, die leichte Alkoholnote riechen, spürte den Pelz an meiner nackten Haut, an meinem Hintern, an meinem Rücken, wenn er an mich ran bockte. Mit einer Hand griff er nach vorne und wichste meine Latte. Sie war total steif, denn der Schwanz im Arsch machte mich richtig rattig. Eine Sekunde lang befürchtete ich, dass Carlo die Rollen tauschen wollte, doch er hatte nicht vor, den Fick zu unterbrechen. Stattdessen schaltete er einen Gang höher, indem er einen Schritt zurückging, mich mitzog und fester an den Hüften packte, um seinen Fickkolben mit noch mehr Kraft und noch mehr Schwung in meinen Arsch zu treiben. Der Mann knallte mir mit Wucht seine ganze Masse zwischen die Backen. Es kostete ganz schön Kraft, dagegenzuhalten. Ich kam ins Schwitzen, war aber gleichzeitig supergeil und wollte auf keinen Fall, dass er aufhörte. Da klopfte es auf einmal an die Tür.

»He, ich muss mal«, hörten wir eine Stimme von draußen.

»Gleich«, rief Carlo, hielt inne und kicherte heiser, ruhte sich auf mich gelehnt aus, den Schwanz immer noch tief in mir. Ich versuchte, ihn mit ein paar Arschzuckungen zum Weitermachen zu ermuntern, aber scheinbar war's das gewesen. Zu meiner Enttäuschung zog er seinen Lustkolben aus meinem Arsch und drehte mich um. Er lachte und zeigte seine makellosen Zähne, sah mir tief in die Augen.

»Wie wär's, wenn wir das woandershin verlagern?«, fragte er.

»Ich weiß nicht …«, zögerte ich meine Antwort hinaus, während ich mir die Hosen hochzog. Das abrupte Aus der Nummer ließ meine Geilheit und auch meine Laune rapide sinken.

»Ach komm, wir sind doch noch nicht fertig miteinander«, brummte er. »Es wird geil, ich kann's kaum erwarten.«

Zur Bekräftigung schwenkte er seinen immer noch harten Schwanz mit einer Hand.

Beim Blick auf das geile Teil musste ich lachen.

»Okay«, stimmte ich zu. »Jetzt gleich?«

Ich war mir nicht sicher, ob wir uns einfach davonstehlen sollten. Die Feier war noch in vollem Gang. Carlo rückte seinen Ständer so gut es ging in der Hose zurecht und warf einen prüfenden Blick in den Spiegel.

»Wenn du willst, bleiben wir noch 'ne Weile«, sagte er, da hämmerte es schon wieder an die Tür.

»Los, ihr Ferkel«, erklang erneut die Stimme, gefolgt von einem besoffenen Kichern. »Ihr könnt euer Ding auch im Wohnzimmer machen oder von mir aus auf dem Balkon. Ich meins nicht.«

Carlo sah mich fragend an. Ich war bereit, nickte und schloss die Tür auf. Draußen stand ein Typ mit Drink in der Hand, der sich vorhin als Henry vorgestellt hatte. Henry … Na ja, das hier war 'ne Schwulenparty.

»Gibt's hier kein Gästeklo?«, fragte ich frech und wurde prompt mit amüsiertem Tätscheln und Gackern belohnt.

»Doch nicht in dieser Bruchbude, Schätzchen«, meinte Henry und schob sich an mir vorbei ins Bad, um gleich darauf zu kichern: »Ach Carlo, hier hast du gesteckt. Ich dachte schon, du verstößt gegen deine Bewährungsauflagen. Ups!«

In schlecht gespieltem Pseudo-Schreck hielt er sich die Hand vor den Mund und ließ ein affektiertes »Sorry« folgen. Carlo blieb cool, grinste nur und schlug Henry kumpelhaft auf die Schulter: »Kein Problem, du kannst loslegen.«

Damit folgte er mir in den Flur und schloss die Tür hinter sich. Carlo umarmte mich und küsste mich kurz, sah mich dann wieder ernst an. »Nur, dass das klar ist: Das war nur ein Witz, da drin. Ich bin kein Knacki, okay?«

Ich erwiderte seinen Blick, brauchte eigentlich keine Erklärungen, wir kannten uns ja nicht. Von mir aus konnte er sein, was er wollte.

»Schade eigentlich«, zog ich ihn auf. »Die Klamotten im Knast stehn' dir sicher gut. Stell ich mir richtig geil vor.«

Es gefiel mir, dass wir auf einmal unsere eigenen Witze hatten.

Er nahm den Scherz auf.

»Ach jaaa?«, sagte er gedehnt, ohne mich aus den Augen zu lassen, und ich konnte seine Latte in der Hose spüren. Ich nickte, zog seinen Kopf zu mir heran, und wir küssten uns.

»Ich hab' doch gesagt, dass wer für dich dabei ist«, hörte ich plötzlich Tariks Stimme.

Es wurde dann noch ein richtig lustiger Abend. Carlo und ich blieben und genossen die Zeit in der netten Runde, versicherten uns aber gelegentlich, dass unsere Verabredung noch stand. Abgesehen von mehr oder weniger heimlichen Fummeleien, wenn wir nebeneinandersaßen, wurde es zum Running Gag, dass wir uns gegenseitig quer durch den Raum »Wir sind noch nicht fertig miteinander«

zuriefen, oder es lautlos mit den Lippen formten. Die anderen schnallten natürlich, was los war. Bald sagte es jeder zu jedem, bei allen möglichen passenden und unpassenden Gelegenheiten, und wir hatten viel zu lachen. Keiner der Gäste war mir unsympathisch, die waren alle echt cool.

Später sah ich Carlo mit Paul ins Gespräch vertieft an der Bar stehen. Die beiden wirkten ziemlich ernst, aber ich fühlte mich beschwingt wie lange nicht mehr und mir war danach, Carlos Nähe zu spüren, darum ging ich einfach zu ihnen. Paul hielt inne und sah mich irritiert an. Kacke! Da hatte ich wohl doch gestört.

»Die Service-Crew für nächsten Sonntag hat Paul im Stich gelassen«, weihte Carlo mich ein. Ich sah ihn verständnislos an.

»Na, die Helfer haben abgesagt. Für die Gartenparty vom Möbelhaus.«

Ich erinnerte mich dunkel, dass diese Party vorhin mal Thema gewesen war. Ein wichtiges Event mit Top-Kunden und so.

»Gibt's denn keine andere Crew?«, fragte ich, um Ernsthaftigkeit bemüht. Eigentlich war ich nicht auf Probleme wälzen eingestellt, wollte viel lieber mit diesem sexy kerligen Glatzkopf Carlo rummachen.

»Hat er schon probiert, aber ist gar nicht so einfach, so kurzfristig Leute zu finden«, erklärte Carlo. Paul winkte lächelnd ab, wollte mich offenbar nicht damit belasten. »Wir finden schon eine Lösung. Aber scheinbar macht jede Wurstbude nächsten Sonntag ein Gartenfest.«

»Bin dabei.« Ich sagte das völlig spontan, war selbst überrascht.

Paul lächelte wieder und klopfte mir freundlich an die Schulter. »Nein, alles gut, aber danke.«

Doch Carlo hakte interessiert nach: »Warum? Kannst du das?«

Ich grinste verlegen: »Eigentlich weiß ich gar nicht so genau, um was es geht. Was denn für ein Service? Kellnern oder so? Oder Drinks mischen?«

Paul und Carlo tauschten einen Blick. Mit gemischten Gefühlen, das konnte ich sehen. Dann aber antwortete Carlo, dass es tatsächlich darum ging, etwa achtzig Gäste mit Drinks und Snacks zu versorgen. Wenn's nur das war. Ich hatte befürchtet, es ginge ums Servieren von Haute Cuisine oder gar ums Kochen, dann hätte ich passen müssen. Aber Drinks und Snacks? Das würde ich hinkriegen, denn ich hatte schon ein paarmal in der Gastronomie gearbeitet. Also bekräftigte ich erleichtert: »Kein Ding. Wie gesagt: Bin dabei. Wird das auch bezahlt?«

Als Paul mich nur entgeistert anstarrte, grinste ich verlegen und hatte das Gefühl, meine etwas plumpe Frage erklären zu müssen: »Ich meine, springt da was raus für mich? Ich könnt's gut brauchen.«

»Ja, sicher«, antwortete Paul ohne große Begeisterung. »Hör mal, Niko, das ist nett von dir, aber ich brauch 'ne ganze Crew, das ist ja mein Problem.«

Carlo warf noch nicht die Flinte ins Korn und fragte mit ernsthaftem Interesse: »Oder kennst du noch ein paar Leute?«

Ich schwieg. Das war nicht die Wendung, die ich mir erhofft hatte.

»Worum geht's denn hier?«, gesellte sich Tarik zu uns und legte lässig einen Arm auf meine Schulter. Paul klärte ihn auf. Tarik grinste, streichelte frech mit einem Finger meine Wangen und sagte amüsiert: »Aha, da will wohl jemand seine Schulden tilgen.«

Ich merkte, wie ich rot wurde. Er hatte den Nagel auf den Kopf getroffen, denn genau das war mein Hintergedanke gewesen. Meine Schulden bei Dorian begleichen zu können.

»Ja, stimmt«, erklärte ich verlegen. »Ich hab' da was gutzumachen.«

Bevor die anderen etwas einwenden konnten, ergriff Tarik die Initiative.

»Also gut«, sprach er Paul an. »Wie viele Leute brauchst du, und wie viel springt dabei für jeden raus?«

Paul blickte ihn entgeistert an: »Na ja, ich brauch' mindestens acht Leute, es sind zirka zehn Stunden Arbeit, und zweihundert Mäuse pro Mann müssten drin sein.«

»Sagen wir zweihundertfünfzig, und die Sache ist geritzt.«

Ohne mit der Wimper zu zucken, hielt Tarik seinem Freund die Hand hin.

»Willst du etwa auch mitmachen?«, fragte Paul ungläubig.

»Na klar, das wird ein Spaß«, rief Tarik fest entschlossen.

»He, was ist denn da los bei euch?«, rief einer der anderen von der Couch rüber.

Carlo lachte: »Tarik macht gerade eine Service-Crew für Pauls Gartenparty klar.«

Die anderen johlten »Super, da machen wir mit«. Einer nach dem anderen stimmte lautstark mit ein, doch Tarik unterbrach den alkoholisierten Tatendrang: »Danke, ihr Süßen, aber das ist eine Sache unter Kollegen!«

Er grinste mich an und zwinkerte mir zu. Dann schlug er mit Paul ein, der genauso überrumpelt war wie ich. Doch Tarik stupste uns beide nur freundschaftlich an und meinte: »Das kriegen wir hin, macht euch keinen Kopf. Eine super Idee von dir, Niko. Sonntags ein paar Drinks servieren, das ist ja wohl Pipifax.«

Dann unterbreitete uns Tarik seinen Plan: Wir würden ein paar Kumpels aus unserer Firma anquatschen, ob sie Lust hatten mitzumachen, wir würden das Ding gemeinsam durchziehen, und die Kohle würde Schadensopfer Dorian kriegen. Fall erledigt.

»Aber nicht alle unsere Kunden stehen auf Männer«, meinte Paul noch immer nicht restlos überzeugt. Aber auch dieser Einwand erschütterte Tariks Elan nicht die Spur. Er ging völlig auf in der Rolle des großen Organisators: »Kein Problem, meine Schwester macht bestimmt mit. Und die ist heiß. Liegt in der Familie. Allerdings will sie ihre Kohle garantiert für sich behalten.«

Diesmal lachten alle mit, sogar Paul. Und ich wagte langsam zu hoffen, dass die Aktion tatsächlich klappen könnte.

## Feier der Freigeister

Niko war ganz schön geplättet, als ich mit Leo auf der Möbelhausparty auftauchte. Leo hatte mir inzwischen erzählt, dass die beiden was miteinander gehabt hatten. Ich fand es wichtig zu wissen, dass er mit einem meiner Kollegen gevögelt hatte, sah aber keinen Grund, ihm von der Nummer zwischen Niko und mir zu erzählen. Das war was völlig anderes. Aber dieser Leo, der war ein echter Schnuckel. Und beim Sex eine geile Drecksau. Am Tag nach unserer ersten Begegnung hatte er mir abends vorm Werksgelände aufgelauert und sich bemerkbar gemacht, als ich durchs Tor fuhr. Fragte zweideutig, was ich noch so vorhätte. Sagte, er würde in der Kneipe um die Ecke auf mich warten, bis ich Feierabend hatte. Mann, ich wurde sofort so geil, dass ich nur mit größter Beherrschung den Dienst beenden konnte, war nach Dienstschluss regelrecht zur Kneipe gerannt. Seitdem hatten wir uns jeden Tag gesehen, er hatte sogar schon bei mir übernachtet. Keine Ahnung, warum der Kerl so anhänglich war, vielleicht lag es an meinem dicken, schwarzen Knüppel. Vielleicht merkte er auch, dass ich ihn nicht für mich allein haben wollte, ihm seine Freiheit ließ. Ich hatte nichts dagegen, ihn wieder und wieder zu sehen. Wir fickten wie die Verrückten und hatten zwischendurch echt tolle Gespräche, darum genoss ich die Zeit mit ihm. Aber dass es nicht ewig so bleiben würde, war mir klar, denn dafür war Leo viel zu sprunghaft.

Als Tarik dann am Montag die Kollegen zusammentrommelte, um ihnen von seinem Vorhaben zu berichten, zögerte ich nicht mitzumachen. Ich fand die Idee genial, mit nur einem Tag Sonderarbeit die Summe für Nikos Schaden zusammenzusammeln, und freute mich, dass ein paar andere aus dem Team es genauso sahen. Konkret waren es die jüngeren Kollegen Bülent, Roman, Emre, und Roland, ein netter, aber farbloser Typ.

»Einer oder zwei mehr wären noch besser«, sagte Tarik, »aber wir kriegen es auch so hin. Also Sonntagmorgen um acht Uhr an dieser Adresse.«

Damit übergab er jedem der freiwilligen Helfer eine Visitenkarte vom Möbelladen seines Freundes.

»Müssen wir irgendwas bestimmtes anziehen«, fragte Bülent, und klang dabei, als würde er schon nach einem Grund suchen, sein Angebot zurückzuziehen, aber Tarik winkte ab: »Klamotten sind scheißegal. Hauptsache ihr kommt und fühlt euch wohl.«

»Nackt geht also auch«, versuchte ich einen Scherz, und tatsächlich lachten die Kerle. Damit war das Eis gebrochen. Plötzlich war uns allen klar, dass wir eine Menge Spaß haben würden.

Als ich Leo davon erzählte, war ich total überrascht, dass er anbot, ebenfalls mitzuhelfen. Anfangs zögerte ich, schließlich gehörte er nicht zu unserer Firma.

»Na und?«, meinte Leo. »Ich kann doch trotzdem was für mein Karma tun.«

Da lachte ich nur noch. Die Chance wollte ich ihm nicht verbauen. Nachdem auch Tarik einverstanden gewesen war, dass ich einen Freund mitbrachte, war das Ganze beschlossene Sache. Den Rest ließ ich auf mich zukommen. Ich hatte keine Ahnung, ob Leo wirklich nur zum Arbeiten mitkommen wollte, oder ob er nicht doch auf ein Abenteuer aus war und sich an Niko oder einen anderen Kollegen ranmachen und Unfrieden stiften würde. Alles war möglich. Das machte mich ein bisschen nervös. Aber auch ein bisschen geil.

Nachdem Leo die Nacht bei mir verbracht hatte, fuhren wir zusammen zu der Adresse, wo der Event stattfinden sollte. Das Wetter eignete sich bestens für eine Party im Freien, es war sonnig, aber nicht zu heiß. Als wir ankamen, waren die anderen bereits dabei, Tische und Bänke aufzustellen und Gläser und Getränke in eine Bar zu räumen, die unterm Vordach am Eingang des Möbelhauses aufgebaut war.

»Wo kommst du denn her?«, fragte Niko entgeistert, als er Leo sah.

»Er ist mit mir hier«, erklärte ich, bevor Leo etwas sagen konnte.

Niko blickte erst mich, dann Leo verwundert an, aber schließlich klärte sich sein Gesichtsausdruck, er grinste und sagte: »Da lass' ich dich einmal meine Tour fahren …«

Er musste nicht weiterreden. Wir lachten alle drei, und Leo gab Niko ein Begrüßungsküsschen auf die Wange.

»Danke, dass ihr dabei seid«, strahlte der und führte uns zu Tarik und einem Glatzkopf, der sich als Carlo vorstellte und der DJ des Tages war.

»Die beiden sagen euch, was ihr machen sollt.«

Wir wurden beauftragt, die Tischdecken auf den Biertischen zu befestigen. Das weiche Vlies mit den bayerischen Rauten in Hellblau und Weiß kam von der Rolle und musste zurechtgeschnitten und festgetackert werden.

Um zwölf sollten die Gäste kommen. Bis dahin gab es noch einiges zu tun. Wir packten überall mit an, und während der Arbeit lernte Leo nach und nach auch die anderen kennen. Aus Spaß hatten wir ein geheimes Zeichen ausgemacht, mit dem ich Leo zu erkennen gab, ob der jeweilige Kollege schwul war oder nicht. Ein kurzes Husten stand für hetero, ein Zungenknall für schwul. Alle waren gut gelaunt, aber konzentriert bei der Sache, keiner schien besonders aufgeregt zu sein. Wir machten Scherze und lachten viel. Es freute mich, zu sehen, wie Leos einnehmendes Wesen selbst den zurückhaltenden Bülent aufheiterte, und dass auch die anderen Jungs ihn ohne Vorbehalte in der Truppe aufnahmen.

»Mannomann«, raunte mir Leo in einer kurzen Pause zu. »Lecker, lecker, deine Kollegen. Da würde ich ja bei keinem Nein sagen.«

Ich lachte über seinen Höhenflug, musste aber dennoch loswerden: »Benimm dich.«

»Ausnahmsweise«, sagte Leo mit einem gequälten Seufzer. Ich strubbelte ihm durch die Haare und war froh, dass ich ihn mitgebracht hatte. Es machte Spaß, mal was anderes mit ihm zu erleben, als nur zu zweit bei mir zu sein. Andererseits sah er so gut aus, dass ich ihn am liebsten doch gleich wieder hinter die Bar gezogen und nach Strich und Faden durchgevögelt hätte. Aber dafür war jetzt keine Zeit. Wenn wir ins Möbelhaus gingen, um irgendwelche Sachen zu holen, konnten natürlich nicht widerstehen, uns in eins der Betten zu schmeißen und zu knutschen, doch es dauerte nie lange, bis Tarik kam und uns lachend hochscheuchte. Ansonsten ging es locker zu. Zu meiner Überraschung sah ich sogar, wie Niko dem Glatzkopf hinterm DJ-Pult ein Küsschen gab. Was war denn da los?

Dass auch unsere Heteros Bülent, Roman und Roland gute Laune hatten, lag wohl zum Großteil an Tariks Schwester. Sie hieß Melek, war ein bisschen älter als ihr Bruder, hatte aber mindestens genauso viel Temperament wie er. Weil sie obendrein gut aussah, legte sich unser Heterotrio richtig ins Zeug, um sie zu beeindrucken – sowohl bei der Arbeit als auch beim Versuch, mit witzigen Sprüchen zu punkten. So schaukelten sich alle gegenseitig hoch. Die Stimmung war super, und als Carlo probeweise die ersten Beats durch die Boxen rollen ließ, johlten wir spontan alle laut auf.

Schon kurz nach elf war alles fertig. Tariks Freund

Paul, der für den Event verantwortlich war, und der Chef des Möbelhauses, ein netter Mann um die fünfzig, hielten nacheinander kurze Reden, in denen sie sich für unseren Einsatz bedankten. Es gab sogar ein Glas Prosecco für jeden. Die Gäste konnten kommen.

Es wurde richtig voll, und wir hatten alle Hände voll zu tun. Leo und ich waren für die Versorgung von vier Tischen eingeteilt. Es klappte reibungslos. Dass wir uns nicht mit Abkassieren herumschlagen mussten, weil alle eingeladen waren, machte es leicht. Wenn ich an der Bar auf Drinks wartete, die bei mir bestellt worden waren, beobachtete ich Leo, wie er mühelos mit einem vollen Tablett durch die Gästeschar segelte und seinen Charme versprühte. Männer wie Frauen lachten gerne mit, und ich merkte, wie sich ein glückliches Grinsen bei mir breitmachte beim Gedanken daran, wie nah ich dem leckeren Kerlchen schon gekommen war und hoffentlich bald wieder sein würde. Unweigerlich rührte sich mein Schwanz in der Hose.

»Der ist nett, dieser Leo«, schreckte mich plötzlich Nikos Stimme auf. Er hatte wohl bemerkt, wie ich Leo angestarrt hatte, während er mir die Drinks aufs Tablett stellte.

»Oh ja«, stimmte ich zu. »Das ist er.«

Niko zögerte kurz, dann sagte er stockend: »Äh, ich glaub', ich muss dir was sagen …«

Ich sah ihn an und legte ihm eine Hand auf den Arm: »Ich weiß Bescheid. Kein Problem. Oder?«

Er grinste verlegen. »Wird das was mit euch?«, fragte er dann.

»Keine Ahnung.« Ich schnaubte. »Er ist ein ziemlicher Freigeist. Und ich ja auch.« Plötzlich kam mir eine Idee. »Sag mal, hättest du Bock auf 'nen Dreier mit uns?«

Ich stellte es mir toll vor, mit Niko zusammen Leo zu ficken. Und Leo würde es sicher auch gefallen, da war ich mir sicher. Bei der Vorstellung meldete sich sofort wieder mein Schwanz. Niko lachte überrascht auf. »Ach du Scheiße, die Frage hätte ich jetzt nicht erwartet.«

War das ein Ja oder ein Nein? Er beugte sich vertraulich zu mir vor, setzte ein zerknirschtes Gesicht auf und rieb sich mit einer Hand den Nacken. »Es ist nur so … Ich bin nicht allein hier.«

Auf meinen erstaunten Blick hin, fügte er hinzu: »Ich bin sozusagen mit dem DJ zusammen.«

»Mit dem Glatzkopf?«, entfuhr es mir unwillkürlich, so erstaunt war ich, dass Niko überhaupt mit jemandem »zusammen« war. Aber nach einem Blick rüber zum DJ-Pult und eingehender Betrachtung dieses Carlo korrigierte ich meine Reaktion und musste zugeben: »Geiler Typ.« Dann hatte schon den nächsten Geistesblitz: »Und wie wär's mit 'nem Vierer?«

# Immer. Überall. Zuverlässig.

Das Fest lief echt super. Überall frohes Stimmengewirr, Lachen, Gläserklirren und dazu der chillige Klangteppich, mit dem Carlo die Stimmung zusätzlich entspannte. Er wirkte selbstsicher und entspannt hinterm DJ-Pult, das fachgemäß ein bisschen erhöht über dem Geschehen thronte. Mit seinem unwiderstehlichen Lachen strahlte er in die Menge zu seinen Füßen, aus der sich immer wieder der eine oder die andere löste, um hinter der Kanzel ein paar Worte mit ihm zu quatschen, was Carlo nicht daran hinderte, konsequent seinen Job zu machen. So stahl auch ich mich gelegentlich rauf zu ihm. Während er mit Kopfhörern auf den Ohren und Händen am Schaltpult quasi wehrlos war, konnte ich kaum die Finger von ihm lassen. Zwar wehrte er mich lachend ab, trotzdem wagte ich es, mich hinter ihn zu stellen und heimlich seine dicke Beule zu begrabschen. Ich ging davon aus, dass der Sichtschutz vor dem DJ-Pult meine Handarbeit für die Allgemeinheit unsichtbar machte. Weiter ging ich vorsichtshalber trotzdem nicht. Zumindest anfangs.

Als es gegen Abend allmählich dunkel wurde, aber immer noch warm war, kam ich immer mehr in Stimmung. Die Gästeschar hatte sich bereits ausgedünnt, und die verbliebenen vielleicht dreißig Personen hatten alle reichlich gegessen und getrunken, sodass sie nur noch vereinzelt Nachschub forderten. Die bunten Lichterketten, die über die Tische gespannt waren, leuchteten sanft in der Dämmerung und verliehen der Szenerie einen filmreifen Zauber. Dazu Carlos angenehme Beats, die inzwischen zwar lebendiger waren als am Mittag, aber noch nicht aufrüttelnd. Emre, Tarik, Melek, Bülent, Roland, Jabari, Leo, Roman … Sie alle machten einen entspannten Eindruck, standen beieinander oder bei Gästen, und schienen keine Eile zu haben, nach Hause zu kommen. Ich war froh, dass sie es mir so leicht machten, ihre Dienste anzunehmen. Letztendlich taten sie das alles für mich. Wegen der ganzen Scheiße mit Dorian. Und obwohl die Sache noch nicht vollständig überstanden war, war ich schon jetzt voller Hoffnung und angefüllt vom Glück über die selbstlose Unterstützung der Kollegen. All das hatte ich zu einem großen Teil Carlo zu verdanken, denn er hatte den Stein ins Rollen gebracht. Seit Tariks Party hatten wir viel Zeit zusammen verbracht. Der Mann war echt heiß. Der Sex mit ihm war von Anfang an genial, aber er wurde umso geiler, je besser wir uns kennenlernten. Als kaum noch Drinks bestellt wurden, fragte ich Tarik, der den Abend über mit mir zusammen die Bar geschmissen hatte, ob ich ihn mal alleinlassen könnte. Er nickte nur. Also ging ich zum DJ-Pult.

Carlo war jetzt wesentlich empfänglicher für meine Ablenkungsmanöver als zuvor. Er war merklich alkoholisiert, und schon bald knutschten wir in einer Ecke der DJ-Kanzel geil rum und wurden ziemlich wild dabei. Ich hatte auch selbst schon einiges intus, wollte mir das Beste aber für später aufheben, deshalb wehrte ich ab, als er mich mit dreckigem Grinsen nach unten auf die Knie drücken wollte, damit ich ihm einen blies.

»Hier ist doch bestimmt bald Schluss«, meinte ich. »Dann gehen wir zu dir.«

Carlo hatte ein teuflisches Glitzern in den Augen.

»Das ist doch ein Möbelhaus, oder?«, fragte er und deutete mit einem Kopfnicken in Richtung des Gebäudes. Ich wusste sofort, worauf er hinauswollte. Mein Widerstand verwandelte sich in geile Aufregung, und nach dem nächsten Kuss willigte ich ein.

Carlo sorgte noch schnell dafür, dass die Mucke weiterlief, dann stahlen wir uns davon. Er schien sich in dem Laden auszukennen, denn er führte mich zielsicher eine Treppe nach oben und in die hinterste Ecke der Abteilung, in der Muster-Schlafzimmer aufgebaut waren. Ich hatte erwartet, dass wir in einem der zahlreichen Federbetten landen würden, die hier herumstanden, doch Carlo fand etwas, das ihm besser gefiel: eine breite, glatte Lederliege, auf die er mich unter heftigem Knutschen raufbugsierte. Gleichzeitig schaffte er es, seinen Schwanz aus der Hose zu holen. Ich schnappte gierig danach. Während ich auf dem festen, dunkelgrauen Leder lag, stand Carlo noch. Das Gleiche galt für seinen Schwanz.

Auch er stand wie eine Eins, als ich ihn leckte, wichste und saugte.

Carlo schob mich so hin, dass ich auf dem Rücken und mein Kopf auf der Kante der Ledercouch lag. Dann stellte er sich vor mein Gesicht und schwenkte herausfordernd seinen geilen, kurvigen Hengstschwanz vor meiner Nase. Als ich gierig mein Maul aufsperrte und die Zunge herausstreckte, um ihn verschlingen zu können, lachte er versaut und hielt mich noch ein wenig hin. Aber er quälte mich nicht lange, sondern fütterte mich und schob das geile Teil bis in den hintersten Winkel meiner Kehle.

Während ich mich von der dicken Wurst tief in den Rachen ficken ließ, nestelte ich blind meinen Schwanz raus und wichste erregt. So scharf wurde ich, dass ich mir sogar die Hosen runterzog, ohne auch nur eine Sekunde lang den Maulfick zu unterbrechen. Als ich dann aber rumrutschte, um Carlo meinen nackten Arsch zu präsentieren, merkte ich, wie er zögerte. Ich drehte mich um und sah, dass er mit nervösen Blicken die Umgebung ausspähte. Ging ihm das jetzt doch zu weit?

Die Irritation dauerte nur ein paar Sekunden, dann konzentrierte er sich voll auf meinen Hintern. Seinen harten, fickbereiten Schwanz in der Faust rotzte er eine Ladung Spucke in meine Ritze, verteilte das Zeug mit den Fingern und schmierte den Lochzugang damit ein. Die Eichel drückte sich durch den Ringmuskel, federte nach und schlüpfte tiefer. Meine Saftlatte rieb sich angenehm an dem Leder, während Carlos Bolzen langsam Tempo aufnahm und meine Arschfotze aufbockte. Die Lederliege war ein schweres Teil, dennoch rutschten ihre Metallfüße unter der Wucht der Stöße mit lautem Quietschen über den glatten Betonboden. Für diese Art der Benutzung war sie wohl doch nicht gedacht. Das sahen nach einer Weile auch wir ein, und Carlo brach die Aktion ab. Während er schwer atmend und schwitzend Luft holte und ich aufstand, um mir die Hosen hochzuziehen, kam plötzlich Tarik um die Ecke.

»Hab' ich mir doch gedacht, dass sich hier jemand rumtreibt«, meinte er lachend, denn die Situation war eindeutig. »Macht, dass ihr runterkommt, wir machen langsam Schluss. Gut, dass Paul euch nicht erwischt hat.«

Carlo blieb ganz cool.

»Geile Liege«, sagte er. »Die gefällt uns, stimmt's Niko? Was soll die denn kosten?«

Tarik trat näher und griff nach dem Anhänger mit der Produktbeschreibung und dem Preis.

»Fünfzehnhundert«, las er vor.

»Scheiße«, zischte Carlo. »Das ist 'ne Menge Kohle.« Dann sah er mich an: »Wie viel haben wir heute noch mal verdient?«

Ich musste lachen.

»Schön wär's«, gab ich zurück, »aber das Geld ist leider schon verplant.«

Carlo gab mir einen Kuss. »Weiß ich doch. Wir finden bestimmt ein anderes Möbel, auf dem wir Spaß haben können.«

»Zur Not könnt ihr immer noch im Laderaum von Nikos Crafter vögeln«, scherzte Tarik und zwinkerte mir zu. Carlo verstand den Insider-Witz zwar nicht, machte sich aber trotzdem einen Reim auf Tariks Vorschlag: »Na, dann wundert es mich nicht, dass eure Pakete immer so ramponiert und ewig unterwegs sind.«

Tarik und ich protestierten lautstark gegen diesen Vorwurf. Wir bestanden darauf, dass unser Firmenslogan stets und ständig volle Gültigkeit hatte.

»Firmenslogan?«, fragte Carlo skeptisch. »Und wie soll der lauten?«

Wieder sahen Tarik und ich uns an. Dann lachten wir beide und riefen einstimmig: »Unser Service – Immer. Überall. Zuverlässig.«

BelAmiOnline.com
NOBODY DOES IT LIKE BELAM
CONDOM FREE SCENES
7 NEW UPDATES A WEEK!
1,000+ HD VIDEOS & PHOTOS
OVER 100 TOP INDUSTRY AWARDS
UNMATCHED PRODUCTION VALUES
ALL VIDEOS 100% DOWNLOADABLE
100'S OF EXCLUSIVE BELAMI MODELS
HD
DRM FREE
MAC FRIENDLY
MOBILE COMPATIBLE